101 Easy Portuguese Conversations:

Simple Portuguese Dialogues with Questions for Beginners

Jackie Bolen

Table of Contents

Introduction to the Book

Welcome to this book designed to help you expand your knowledge of European Portuguese. My goal is to help you speak and write more fluently.

Let's face it, Portuguese can be difficult to master, even for the best students. In this book, you'll find dialogues that are ideal for beginners.

The best way to learn new vocabulary is in context. To get the most bang for your buck, be sure to do the following:

- Review frequently.

- Try to use some of the phrases and expressions in real life.

- Don't be nervous about making mistakes. That's how you'll get better at any language!

- Consider studying with a friend so you can help each other stay motivated.

- Use a notebook and write down new words, idioms, expressions, etc. that you run across. Review frequently so that they stay fresh in your mind.

- Be sure to answer the questions at the end of each dialogue. I recommend trying to do this from memory. No peeking!

- I recommend doing one conversation a day. This will be more beneficial than finishing the entire book in a week.

Good luck and I wish you well on your journey to becoming more proficient with European Portuguese.

#1: Pedir uma recomendação

A Cara está a pedir uma recomendação à empregada de mesa.

Empregada: Então quais são os vossos planos para hoje?

Cara: Ainda não temos a certeza. Tem alguma recomendação?

Empregada: Sim! Eu recomendaria que visitassem a Torre de Belém quando forem a Lisboa.

Cara: Muitas pessoas falaram-me disso. Como é que chego lá?

Waitress: Não é muito longe. Apanhem um táxi. Ou então podem apanhar um autocarro. Vejam no Google Maps. Ele indica-vos o caminho.

Cara: Boa. Obrigada pela tua ajuda. Fico agradecida.

Empregada: De nada. Espero que desfrutem da vossa viagem a Lisboa.

Verifica a tua compreensão

1. A Cara vive em Lisboa?

2. Onde é que a empregada recomenda ir?

3. Como se chega à Torre de Belém?

4. Onde é que a Cara pode conferir o horário dos autocarros?

Respostas

1. Não, não vive.

2. Ela recomenda que vão à Torre de Belém.

3. Podem apanhar um táxi, ou ir de autocarro.

4. Ela pode verificar no Google Maps.

Waitress: So what do you have planned for today?

Cara: We're not sure yet. Do you have any recommendations?

Waitress: Yes! I'd recommend checking out Belem Tower when you go to Lisbon.

Cara: Lots of people have mentioned that. How can I get there?

Waitress: It's not far. Take a taxi. Or, I'm sure there's a bus. Look on Google Maps. It'll tell you.

Cara: Great. Thanks for your help. I appreciate it.

Waitress*:* No problem at all. I hope that you enjoy your trip to Lisbon.

#2: Peço desculpa, estou atrasada

A Emma está a ligar ao Bob para lhe dizer que se vai atrasar.

Emma: Olá, Bob. Desculpa, mas vou chegar atrasada. Há muito trânsito hoje.

Bob: Oh. Quão tarde vais chegar?

Emma: 5 ou 10 minutos, acho eu.

Bob: Ok. Sem problema. Não te apresses. Vou desfrutar do meu café.

Emma: Obrigada.

Verifica a tua compreensão

1. Porque é que a Emma se vai atrasar?
2. O Bob está zangado?
3. Quão tarde é que a Emma vai chegar?
4. Onde é que eles se vão encontrar?

Respostas

1. Ela vai atrasar-se porque há muito trânsito.
2. Não, de todo.
3. Ela vai atrasar-se 5 ou 10 minutos.
4. É provável que se vão encontrar num café.

Emma: Hey, Bob. Sorry, but I'm going to be late. There's lots of traffic today.

Bob: Oh. How late will you be?

Emma: 5-10 minutes, I think.

Bob: Okay. No problem. Don't rush. I'll just enjoy my coffee.

Emma: Thank you.

#3: Podes levar-me ao médico?

A Carrie está a pedir ao Tim que a leve ao médico.

Carrie: Olá Tim, importas-te de me levar ao médico? Vou ser operada ao olho e não posso conduzir depois.

Tim: Ah, claro que sim, sem problemas. Quando é a tua consulta?

Carrie: Amanhã às 9:30.

Tim: Ok. Apanho-te por volta das 9:00?

Carrie: Soa-me bem. Obrigada pela tua ajuda.

Tim: Não tem problema nenhum.

Verifica a tua compreensão

1. Porque é que a Carrie precisa que o Tim a leve ao médico?
2. A que distância é que a Carrie mora do consultório médico?
3. O Tim está irritado por ter que ajudá-la?

Respostas

1. Ela precisa que ele a leve porque ela não poderá conduzir depois da consulta.
2. Ela mora a menos de 30 minutos de distância.
3. De todo.

Carrie: Hi Tim, do you mind taking me to the doctor? I have to get something done with my eye and I can't drive afterwards.

Tim: Oh sure, no problem. When's your appointment?

Carrie: Tomorrow at 9:30.

Tim: Okay. I'll pick you up around 9:00?

Carrie: Sounds good. Thanks for your help.

Tim: It's no problem at all.

#4: Onde está a minha encomenda?

A Sam está a tentar encontrar uma encomenda em falta.

Sam: Olá, diz que a minha encomenda foi entregue esta tarde, mas não a vejo do lado de fora da minha porta.

Estafeta: Deixa-me verificar. Qual é o código de acompanhamento?

Sam: Hmm . . . 103239082.

Estafeta: Ok. Você não estava em casa quando eu passei aí. Pode levantá-la nos correios no final da rua depois das 18:00 de hoje. Vê algum papel de aviso de entrega na sua caixa de correio?

Sam: Oh. Aqui está. Entendi. Obrigada pela sua ajuda.

Estafeta: Com certeza. Pode levantá-la hoje depois das 18:00.

Sam: Sim, obrigada. É isso que vou fazer.

Verifica a tua compreensão

1. Porque é que a Sam está a ligar?
2. Onde é que a encomenda está agora?
3. Onde é que a Sam pode ir buscar a sua encomenda depois das 18:00?

Respostas

1. Ela está a ligar porque quer saber onde está a sua encomenda.
2. Neste momento, a encomenda está provavelmente na carrinha de entregas. Estará nos correios às 18:00.
3. Ela pode levantar a encomenda nos correios.

Sam: Hi, it says that my package was delivered this afternoon but I don't see it outside my door.

Delivery driver: Let me check. What's your tracking number?

Sam: Umm . . . 103239082.

Delivery driver: Okay. You weren't home when I came by. You can find it at the post office down the street after 6:00 tonight. Do you see a delivery notice paper in your mailbox?

Sam: Oh. There it is. I got it. Thanks for your help.

Delivery driver: Sure. You can pick it up today after 6:00.

Sam: Yes, thanks. I will.

#5: Pedir boleia

O Tommy está a pedir boleia à sua mãe.

Tommy: Mãe, podes dar-me boleia até casa do Tim?

Mãe: Claro, mas limpa o teu quarto primeiro. Depois eu levo-te.

Tommy: Mãe, isso é uma perda de tempo. Amanhã vai estar desarrumado outra vez.

Mãe: Não tem de estar!

Tommy: Eu já disse ao Tim que estaria lá em 10 minutos.

Mãe: Bem, manda-lhe uma mensagem e diz-lhe que primeiro tens de limpar o teu quarto.

Tommy: Vamos agora.

Mãe: Depois de limpares o teu quarto. E acho que te esqueceste de me agradeceres pela boleia.

Verifica a tua compreensão

1. Para onde é que o Tommy quer ir?
2. O que é que ele tem que fazer antes da mãe lhe dar boleia?
3. Como é que o Tommy se sente?
4. Como é que a mãe dele se sente?

Respostas

1. Ele quer ir a casa do seu amigo.
2. Ele tem que limpar o seu quarto.
3. Ele sente-se irritado por a mãe o obrigar a limpar o seu quarto.
4. Ela sente-se Irritada com o quarto desarrumado do Tommy e também por ele não ter agradecido.

Tommy: Mom, can I have a ride to Tim's house?

Mom: Sure, but clean your room first. Then I'll take you.

Tommy: Mom, it's a waste of time. It will be messy again tomorrow.

Mom: It doesn't have to be!

Tommy: I already told Tim I'd be there in 10 minutes.

Mom: Well, text him and tell him that you have to clean your room first.

Tommy: Let's just go now.

Mom: After you clean your room. And I think you forgot to say thank you for giving you a ride.

#6: Obrigado pela sua ajuda

O Tim está a agradecer à Carrie pela ajuda.

Tim: Carrie, eu agradeço bastante pela tua ajuda naquela tarefa.

Carrie: Sem problema, aquela era difícil.

Tim: Sim, eu simplesmente não conseguia perceber.

Carrie: Eu também demorei um bocado. De qualquer forma, fico sempre feliz por ajudar um amigo.

Tim: Fico feliz por te ter nesta aula comigo. Sempre fui péssimo a matemática.

Carrie: Tu não és péssimo. Mas, acho que precisas prestar atenção durante a aula e não enviar mensagens à tua namorada o tempo todo!

Verifica a tua compreensão

1. Quem precisava de ajuda com a tarefa de matemática?

2. Como é que o Tim e a Carrie se conhecem?

3. O Tim é péssimo a matemática?

4. Porque é que o Tim não presta atenção na aula?

Respostas

1. O Tim precisava de ajuda.

2. Eles têm uma aula de matemática juntos. Mas, talvez fossem amigos antes da aula. Não está claro.

3. A Carrie não acha que o Tim seja péssimo a matemática. Ele não entende porque não presta atenção na aula.

4. Ele não presta atenção porque manda mensagens para a sua namorada.

Tim: Carrie, I really appreciate your help with that assignment.

Carrie: No problem, it was a tough one.

Tim: Yeah, I just couldn't figure it out.

Carrie: It took me a while too. Anyway, I'm always happy to help a friend out.

Tim: I'm thankful to have you in this class with me. I've always been terrible at math.

Carrie: You're not terrible. But, I think you need to pay attention during class and not text your girlfriend the whole time!

#7: Troca de dinheiro

O Tom quer trocar algum dinheiro no aeroporto.

Tom: Por favor, posso trocar algum dinheiro?

Empregado: Claro, quanto e qual moeda?

Tom: Eu gostaria de receber Euros, por favor. 500€.

Empregado: Ok. Pode mostrar-me o seu passaporte, por favor?

Tom: Claro.

Empregado: Quer uma mistura de notas grandes e pequenas?

Tom: Sim, por favor.

Empregado: Por favor, assine aqui.

Tom: Ok.

Empregado: Aqui está o seu dinheiro. Conte-o à minha frente, por favor.

Verifica a tua compreensão

1. Quanto dinheiro é que o Tom quer?

2. Ele vai receber tudo em notas grandes?

3. Porque é que o Tom tem que contar o dinheiro?

Respostas

1. Ele quer 500€.

2. Não, não vai.

3. Ele tem que se certificar de que está correto.

Tom: Can I please exchange some money?

Clerk: Sure, how much and which currency?

Tom: I'd like to get Euros, please. 500.

Clerk*:* Okay. Can you please show me your passport?

Tom*:* Sure.

Clerk*:* Would you like a mix of big and small bills?

Tom*:* Yes, please.

Clerk*:* Please sign here.

Tom: Okay.

Clerk: Here's your money. Please count it out in front of me.

#8: Conversa fiada

O Ted e o Ethan estão a conversar depois de não se verem há algum tempo.

Ted: Há quanto tempo, Ethan. Novidades?

Ethan: É mesmo, não é? Provavelmente já se passaram pelo menos seis meses.

Ted: Demasiado tempo.

Ethan: Bem, acabei de começar um novo trabalho e está a correr bem.

Ted: Oh, uau. Parabéns.

Ethan: Sim. É bom. E tu, novidades?

Ted: O mesmo de sempre, o mesmo de sempre. O trabalho está super complicado ultimamente e eles não querem contratar mais pessoas porque não querem gastar.

Ethan: Parece difícil.

Ted: Eu hei de sobreviver. Mas por pouco.

Verifica a tua compreensão

1. Há quanto tempo é que eles não conversavam?
2. Quem é que acabou de começar num novo emprego?
3. Porque é que a empresa do Ted não contrata novas pessoas?
4. Achas que eles são bons amigos?

Respostas

1. Já se passaram pelo menos seis meses.
2. O Ethan começou num novo trabalho.
3. Eles não estão a contratar porque não querem gastar dinheiro.
4. Provavelmente não. Eles não falam muito.

Ted: Long time, no talk Ethan. What's up?

Ethan: I know, right? It's probably been at least six months.

Ted: Too long.

Ethan: Well, I just started a new job and it's going pretty well.

Ted: Oh wow. Congratulations.

Ethan: Yeah. It's good. What's up with you?

Ted: Same old, same old. Work is super busy these days and they don't want to hire more people because they're too cheap.

Ethan: Sounds tough.

Ted: I'll survive. Just barely though.

#9: Namoro online

A Amy e a Barb estão a falar sobre encontros online.

Amy: Como vai o namoro online?

Barb: Não muito bem! Tudo o que eu quero é alguém com um bom sentido de humor, mas ainda não tive sorte.

Amy: Tem que haver pessoas engraçadas por aí, não?

Barb: Talvez. Mas ainda não os conheci.

Amy: Não desistas. Agora que penso nisso, o meu colega de trabalho, o Bob, é um tipo engraçado. Acho que ele é solteiro.

Barb: Ah, é mesmo? Devias apresentar-nos.

Amy: Deixa-me confirmar com o Bob. Depois digo-te

Verifica a tua compreensão

1. Quem é que está a fazer encontros online?
2. A Barb conheceu alguém de quem gosta?
3. Que tipo de pessoa é que a Barb está à procura?
4. Qual é a ideia da Amy?

Respostas

1. A Barb está a ter encontros online.
2. Não, ela ainda não conheceu ninguém de quem goste.
3. Ela está à procura de alguém que seja engraçado.
4. A Amy quer apresentar a Barb ao seu colega de trabalho, Bob.

Amy: How's the online dating going?

Barb: Not great! All I want is someone with a good sense of humor, but no luck yet.

Amy: There has to be some funny people out there?

Barb: Maybe. I haven't met them yet though.

Amy: Don't give up. Now that I think about it, my coworker Bob is a funny guy. I think he's single.

Barb: Oh really? You should set us up.

Amy: Let me check with Bob. I'll let you know.

#10: Há muito tempo sem se ver

O Tim e a Carrie cruzaram-se no café.

Tim: Carrie! Há quanto tempo.

Carrie: Uau, já faz um tempo, não é? Talvez um ano?

Tim: Sim, acho que foi por volta do Natal do ano passado que te encontrei no shopping.

Carrie: Isso mesmo. Eu lembro-me disso.

Tim: Costumas vir a este café? Nunca te vi aqui antes.

Carrie: Não, não costumo. Eu apenas estava aqui perto porque fui deixar o meu filho em casa do amigo dele.

Tim: Entendo. Ok. Bem, tens o meu número. Envia-me uma mensagem caso passes por aqui. Podemos tomar um café. Eu moro mesmo no final da rua.

Carrie: Com certeza. Temos que pôr a conversa em dia.

Verifica a tua compreensão

1. O Tim e a Carrie são bons amigos?

2. A Carrie mora perto daquele café?

3. Porque é que a Carrie estava naquela zona?

4. Onde é que o Tim mora?

Respostas

1. Não, não são.

2. Não, não vive.

3. Ela estava naquela zona porque ia deixar o filho em casa de um amigo.

4. O Tim vive ao fundo da rua daquele café.

Tim: Carrie! Long time, no see.

Carrie: Wow, it has been a while, right? Maybe a year?

Tim: Yeah, I think it was around Christmas last year that I ran into you at the mall.

Carrie: That's right. I remember that.

Tim: Do you come to this coffee shop a lot? I've never seen you here before.

Carrie: No, I don't. I was just in the area dropping my son off at his friend's house.

Tim: I see. Okay. Well, you have my number. Give me a text if you're around here. I can meet you for coffee. I live right down the street.

Carrie: For sure. Let's catch up soon.

#11: Onde é a casa de banho?

O Lenny está no consultório do dentista e precisa de ir à casa de banho.

Lenny: Olá, eu sou o Lenny Brown. Tenho uma consulta às 10:30.

Rececionista: Claro, sente-se, por favor. Só uns minutinhos.

Lenny: Vocês têm uma casa de banho aqui? Gostava de lá ir antes da minha consulta.

Rececionista: Claro, vai precisar desta chave. É no final do corredor à sua esquerda.

Lenny: Obrigado.

Rececionista: Sem problema. Não se esqueça de trazer a chave de volta.

Verifica a tua compreensão

1. A que horas é a consulta do Lenny?
2. O Lenny chegou a horas?
3. O dentista estava pronto para o Lenny quando ele chegou?
4. Onde é a casa de banho?

Respostas

1. É às 10:30.
2. Não está claro a que horas é que ele chegou.
3. Não, ele tinha que se sentar e esperar alguns minutos.
4. É no final do corredor à esquerda.

Lenny: Hi, I'm Lenny Brown. I have an appointment at 10:30.

Receptionist: Sure, have a seat, please. It'll just be a few minutes.

Lenny: Do you have a bathroom here? I'd like to go before my appointment.

Receptionist: Sure, you'll need this key. It's down the hall and on your left.

Lenny: Thank you.

Receptionist: No problem. Don't forget to bring the key back.

#12: Conversar ao almoço

O Nathan e o Ed estão a conversar durante o almoço no escritório.

Nathan: Já não te vejo há algum tempo. Como está a tua família?

Ed: Estão bem. A Alice acabou de começar a jogar futebol, e o Kenny entrou nos escoteiros.

Nathan: Ah, isso parece divertido. Eles crescem tão rápido, não é?

Ed: Podes crer. E tu, novidades?

Nathan: Nada de novo por aqui. A minha namorada e eu estamos a conversar sobre irmos morar juntos, então isso é um grande passo.

Ed: Boa! É de facto um grande passo.

Verifica a tua compreensão

1. Quais são as grandes notícias do Nathan?
2. Que atividades é que as crianças fazem?
3. O Nathan e o Ed veem-se regularmente?

Respostas

1. O Nathan e a namorada estão a considerar morar juntos.
2. Elas jogam futebol e estão nos escoteiros.
3. Não, não veem.

Nathan: I haven't seen you in a while. How's your family doing?

Ed: Oh, good. Alice just started playing soccer, and Kenny is getting into Scouts.

Nathan: Oh that sounds fun. They grow up so fast, right?

Ed: They sure do. What's up with you?

Nathan: Not much new here. My girlfriend and I are talking about moving in together so that's kind of a big thing.

Ed: Nice! That's a big thing for sure.

#13: Stand-Up Paddle

A Dee e o Charles estão a falar sobre irem fazer stand-up paddle.

Dee: Olá Charles, queres ir fazer stand-up paddle neste fim de semana? Eu tenho duas pranchas.

Charles: Uau. Eu nunca fiz isso, mas porque não? Tu és sempre tão ativa.

Dee: Sim, eu tento ir à água todas as semanas durante o verão. Posso ir buscar-te no sábado ao meio-dia?

Charles: Perfeito.

Dee: É possível que me atrase alguns minutos. Tu conheces-me!

Charles: Não te preocupes. Fico à espera na rua. Ah, e vamos beber uma cerveja depois. Pago eu. O que preciso de vestir?

Dee: Apenas coisas normais de natação. Também é bom se tiveres um par de sapatos de água.

Verifica a tua compreensão

1. O Charles tem a sua própria prancha?
2. A Dee costuma ser pontual?
3. O que é que eles vão fazer depois do stand-up paddle?
4. Porque é que achas que o Charles vai pagar uma cerveja à Dee?

Respostas

1. Não, ele vai pedir emprestado uma das pranchas de Dee.
2. Não, não costuma.
3. Eles vão beber uma cerveja.
4. Ele provavelmente vai pagar uma cerveja à Dee porque ela lhe vai emprestar uma das suas tábuas.

Dee: Hey Charles, do you want to go stand-up paddleboarding this weekend? I have two boards.

Charles: Oh wow. I've never done it, but why not? You're always so active.

Dee: Yeah, I try to get out on the water every week during the summer. Why don't I pick you up at noon on Saturday?

Charles: Perfect.

Dee: I may be a few minutes late. You know me!

Charles: No worries. I'll just wait outside. Oh, and let's grab a beer afterwards. My treat. What do I need to wear?

Dee: Just normal swimming stuff. It's good if you have a pair of water shoes too.

#14: Ainda estás doente?

O Cameron está a dizer ao Billy que ele devia ir ao médico.

Cameron: Ainda estás doente? Já se passaram semanas!

Billy: Eu sei. Não estou a conseguir superar.

Cameron: A tua tosse está terrível. Acho que devias ir ao médico.

Billy: Tens razão. Não estou a conseguir dormir à noite. Eu sempre a tossir.

Cameron: Vais marcar uma consulta?

Billy: Sim, vou telefonar agora.

Cameron: Depois conta-me o que o médico disse.

Billy: Ok, digo. Obrigado por seres um bom amigo.

Verifica a tua compreensão

1. Porque é que o Cameron está preocupado com o Billy?
2. Porque é que o Billy não consegue dormir?
3. O que é que o Cameron quer que o Billy faça?
4. O Billy vai ao médico?

Respostas

1. Ele está preocupado porque o Billy está doente há semanas.
2. Ele não consegue dormir à noite por causa da tosse.
3. O Cameron quer que o Billy vá ao médico.
4. Sim, vai.

Cameron: You're still sick? It's been weeks now!

Billy: I know. I can't get over it.

Cameron: Your cough sounds terrible. I think you should go to the doctor.

Billy: You're right. I'm not sleeping at night. I just keep coughing.

Cameron: Are you going to make an appointment?

Billy: Yes, I'll phone right now.

Cameron: Let me know what the doctor says.

Billy: Okay, I will. Thanks for being a good friend.

#15: Viagem de negócios

O Andy está a falar com o Ted acerca da sua viagem de negócios.

Andy: Há quanto tempo. Como estás, Ted?

Ted: Ótimo, acabei de chegar da Suécia.

Andy: Isso é emocionante! O que foste lá fazer?

Ted: Na verdade não é assim tão emocionante. Foi uma viagem de negócios.

Andy: Por quanto tempo?

Ted: Menos de uma semana. Foi muito tempo de voo.

Andy: Gostava imenso que a minha empresa me mandasse para lá!

Ted: Não foi assim tão glamoroso. Eu estava a trabalhar 14 horas por dia!

Verifica a tua compreensão

1. Porque é que o Ted foi à Suécia?
2. O Ted gostou da viagem?
3. Porque é que o Ted disse que a viagem não foi glamorosa?
4. O Andy gostava de lá ir?

Respostas

1. Ele fez uma viagem de negócios.
2. Nem por isso.
3. Não foi glamorosa porque ele teve que trabalhar muito.
4. Sim, gostava.

Andy: Long time, no see. How are you doing, Ted?

Ted: Oh great, I just got home from Sweden.

Andy: That's exciting! Why were you there?

Ted: Not so exciting, actually. It was for a business trip.

Andy: How long did you go for?

Ted: Less than a week. It was a lot of flying.

Andy: I would love it if my company sent me there!

Ted: It wasn't that glamorous. I was working 14 hours a day!

#16: Decidir o que cozinhar

O Stephen e a Amar estão a falar sobre o que cozinhar.

Stephen: Eu odeio sempre o dia antes de irmos às compras. Parece que não temos nada para comer.

Amar: Bem, vamos dar uma olhada! Tenho a certeza que conseguimos planear alguma coisa.

Stephen: Ok. Temos algumas alfaces que precisam ser comidas, um tomate e algumas cenouras. Podemos começar com uma salada, e eu vou fazer um molho caseiro.

Amar: Hmm . . . e temos um pouco de húmus. Podemos comê-lo com biscoitos.

Stephen: Boa. Vamos abrir aquele jarro de picles caseiros também!

Amar: Perfeito. Parece um jantar decente!

Verifique a sua compreensão

1. Quando é que eles vão ao supermercado?
2. Porque é que eles vão comer salada?
3. Com o que é que eles vão comer o húmus?
4. Que tipo de molho de salada é que eles vão comer?

Respostas

1. Eles vão às compras no dia seguinte.
2. Eles vão comer salada porque precisam de comer a alface.
3. Eles vão comê-lo com biscoitos.
4. Não está claro, mas são eles que o vão fazer.

Stephen: I always hate the day before we go grocery shopping. It feels like we have nothing to eat.

Amar: Well, let's take a look! I'm sure we can figure something out.

Stephen: Okay. We have some lettuce that needs to be eaten, a tomato, and some carrots. We can start with a salad, and I'll make some homemade dressing.

Amar: Hmm . . . and we have some hummus. We can have that with some crackers.

Stephen: Sure. Let's break open that jar of homemade pickles too!

Amar: Perfect. This sounds like a decent dinner!

#17: Posso aumentar o volume da música?

O Tom tem muitos problemas!

Tom: Importa-se que eu aumente o volume da música? Não consigo ouvir assim tão bem na minha velhice! Está tão baixinho.

Jenny: Não, esteja à vontade. Por mim, tudo bem.

Tom: E também gostaria de aumentar um pouco o calor. Está um gelo aqui.

Jenny: Claro. Também tenho um cobertor que lhe posso emprestar. Vai demorar um pouco até que a casa fique mais quente. Você tem muitos problemas!

Tom: Já agora, também estou com um pouco de fome! Tem alguma coisa que eu possa lanchar?

Jenny: Claro. Você faz-me sentir como uma boa amiga.

Verifica a tua compreensão

1. De quem é a casa onde eles estão?

2. Porque é que a Jenny ofereceu o cobertor ao Tom?

3. A Jenny está irritada com o Tom?

4. Achas que eles são bons amigos?

Respostas

1. Eles estão na casa da Jenny.

2. Ela ofereceu-lhe o cobertor porque ele está com frio, e vai demorar um pouco até que a casa fique mais quente.

3. Ela não parece irritada.

4. Provavelmente são. Eles parecem confortáveis um com o outro.

Tom: Do you mind if I turn up the music? I can't hear that well in my old age! It's so quiet.

Jenny: No, go ahead. It's fine with me.

Tom: And, I'd love to turn the heat up a bit too. It's freezing in here.

Jenny: Sure. I also have a blanket you can borrow. It'll take a while for the house to get warmer. You have a lot of problems!

Tom: Now that you mention it, I'm a little bit hungry! Do you have something I can snack on?

Jenny: Of course. You make me feel like such a good friend.

#18: Apanhar o autocarro

O Ted e a Chris estão a tentar descobrir como chegar ao aeroporto a partir do centro da cidade.

Ted: Como vamos chegar ao aeroporto amanhã?

Chris: Não há um autocarro até lá?

Ted: Provavelmente. Sabes qual?

Chris: Acho que o autocarro que vai até ao aeroporto é o número sete, mas vamos confirmar online.

Ted: Claro, tenho o meu computador aqui mesmo.

Chris: Perfeito.

Ted: Ok. É o número sete. Ele sai a cada vinte minutos e a paragem fica a apenas alguns minutos daqui. Vamos tentar apanhar o das 13:20? Isso dá-nos bastante tempo.

Chris: Parece-me uma boa ideia.

Verifica a tua compreensão

1. Onde é que eles vão?
2. Com que frequência passa o autocarro do aeroporto?
3. Onde fica a paragem do autocarro?
4. Onde é que eles obtiveram as informações sobre o autocarro?

Respostas

1. Eles vão para o aeroporto.
2. O autocarro passa a cada vinte minutos.
3. A paragem de autocarro fica a apenas alguns minutos de distância.
4. Eles estão à procura de informações online.

Ted: How are we going to get to the airport tomorrow?

Chris: Isn't there a bus that goes there?

Ted: Probably. Do you know which one?

Chris: I think number seven is the airport bus but let's check online and see.

Ted: Sure, I have my computer right here.

Chris: Perfect.

Ted: Okay. It is the number seven. It leaves every twenty minutes and the stop is just a few minutes away from here. Let's try to get the 1:20? That leaves us plenty of time.

Chris: Sounds like a plan.

#19: Tempo bonito

O Sid e a Keith são dois viajantes em Lisboa que estão a falar acerca do tempo.

Keith*:* Está um lindo dia, não é?

Sid: Sim, está tão bom lá fora!

Keith: Está muito ensolarado. Quem me dera ter os meus óculos de sol.

Sid: Eu também. Qual é a previsão para amanhã? Tu sabes? Eu ia visitar o Mosteiro dos Jerónimos

Keith: Acho que vai estar chuvoso e ventoso.

Sid: Oh, então eu devia ir lá hoje.

Keith*:* Sim, seria um bom plano. Eu vou até lá!

Verifica a tua compreensão

1. Porque é que ambos vão ao Mosteiro dos Jerónimos hoje?

2. O que é que o Keith gostaria de ter trazido?

3. Eles são amigos?

Respostas

1. Ambos vão hoje porque o tempo está bom. Amanhã deverá chover.

2. Ele gostaria de ter os seus óculos escuros.

3. Não, não são.

Keith: Beautiful day, isn't it?

Sid: Yes, it's so nice out there!

Keith: It's so sunny. I wish I had my sunglasses.

Sid: Me too. What's the forecast for tomorrow? Do you know? I was going to check out Jeronimos Monastery

Keith: It's supposed to be rainy and windy, I think.

Sid: Oh, I should go there today then.

Keith: Yes, that would be a good plan. I'm heading there myself!

#20: Férias de Natal

O Ted e o Sam estão a falar sobre as férias de Natal.

Ted: Então, o que é que vais fazer nas férias de Natal?

Sam: Bem, no dia de Natal abrimos os presentes antes do pequeno-almoço. E depois à tarde cozinho o jantar de Natal.

Ted: Recebes muitas pessoas em casa?

Sam: A família inteira vem jantar todos os anos. É muita gente, cerca de 20 ou 30.

Ted: Soa parecido ao meu Natal. E depois eu apenas descanso entre o Natal e o Ano Novo.

Sam: Igual a mim. Passo dias inteiros sem tirar o pijama.

Verifica a tua compreensão

1. As férias de Natal deles são semelhantes ou diferentes?
2. Quantas pessoas vão jantar a casa do Sam?
3. Porque é que o Sam usa o seu pijama por muitos dias?
4. Achas que o Sam é bom a cozinhar?

Respostas

1. São bastante semelhantes.
2. Cerca de 20 a 30 pessoas vão lá jantar.
3. Ele usa o seu pijama por muitos dias porque está cansado do Natal.
4. Ele provavelmente é bom a cozinhar. Ele faz um jantar de peru para 20 ou 30 pessoas.

Ted: So, what are you up to for Christmas holidays?

Sam: Well, on Christmas day, we open presents before breakfast. And then in the afternoon, I cook Christmas dinner.

Ted: Do you have lots of people over?

Sam: Every year, the whole extended family comes for dinner. It's a lot of people, around 20-30.

Ted: Sounds similar to my Christmas. Then I just rest between Christmas and New Year's.

Sam: Same here. I go entire days without changing out of my pajamas.

#21: Hora de encerrar o dia

O Tony e o Keith são colegas de trabalho e estão a conversar sobre terminar o dia.

Tony: O que achas? Devemos encerrar o dia e ir beber uma cerveja?

Keith: Eu tenho cerca de mais 20 minutos de trabalho. Podes esperar um pouco?

Tony: Claro, sem problemas. Vou ficar no meu escritório. Vem-me buscar quando estiveres pronto.

Keith: Ótimo. Até já. E não me deixes ficar até tarde no bar, ok? A minha mulher vai ficar tão zangada comigo.

Tony: Eu não sou o teu babysitter! Haha.

Keith: Basta seres um bom amigo, por favor!

Verifica a tua compreensão

1. Quando é que eles vão para o bar?
2. Porque é que eles não vão para o bar agora?
3. Porque é que a esposa do Keith poderia ficar zangada?
4. Porque é que o Tony diz: "Não sou o teu babysitter"?

Respostas

1. Eles irão daqui a cerca de 20 minutos.
2. Eles não vão agora porque o Keith tem que terminar algum trabalho.
3. Ela ficará zangada se o Keith ficar fora até tarde.
4. Ele diz isso porque não quer controlar o quão tarde o Keith fica fora.

Tony: What do you think? Should we call it a day and grab a beer?

Keith: I've got about another 20 minutes of work. Can you wait a bit?

Tony: Sure, no problem. I'll hang out in my office. Come get me when you're ready.

Keith: Awesome. See you soon. And don't let me stay too late at the pub, okay? My wife will be so angry at me.

Tony: I'm not your babysitter! Haha.

Keith: Just be a good friend, please!

#22: Falar sobre o que comer num restaurante

A Sharon e a Mel estão a falar sobre o que comer.

Sharon: O que vais pedir?

Mel: Estou a tentar decidir entre o hambúrguer vegetariano e a salada tailandesa. E tu?

Sharon: Esses dois parecem ótimos, especialmente a salada. Acho que vou comer uma pizza, mas ainda não sei de que tipo.

Mel: Pizza. Nham! Que tal dividir a pizza amantes de carne e a salada?

Sharon: Parece-me um bom plano.

Mel: Vamos a isso.

Verifique a sua compreensão

1. Cada uma delas vai pedir a sua própria refeição?
2. Que tipo de pizza é que elas pediram?
3. Que tipo de salada é que elas pediram?
4. Achas que elas são boas amigas?

Respostas

1. Não, elas vão partilhar duas coisas.
2. Elas vão pedir uma pizza para amantes de carne.
3. Eles vão pedir uma salada tailandesa.
4. Elas provavelmente são boas amigas uma vez que vão partilhar duas refeições.

Sharon: What are you going to get?

Mel: I'm trying to decide between the veggie burger and the Thai salad. What about you?

Sharon: Both of those sound great, especially the salad. I think I'll go for the pizza, but I don't know what kind yet.

Mel: Pizza. Yum! How about splitting a meat lover's pizza and the salad?

Sharon: That sounds like such a good plan.

Mel: Let's do it.

#23: Podes ajudar-me, por favor?

O Tom está a pedir ajuda à Jenny.

Tom: Podes ajudar-me este fim de semana, por favor?

Jenny: Talvez. Depende do dia. Vou fazer uma caminhada longa no domingo.

Tom: Importas-te de cuidar da Sarah durante a minha consulta do dentista no sábado?

Jenny: Ok, sem problemas. Adoro passar tempo com ela. A que horas?

Tom: Das 14:00 até por volta das 16:30. Ela quer ver aquele novo filme do robô. Porque é que não te dou dinheiro para vocês as duas e vão juntas?

Jenny: Ah, isso parece-me divertido. Conta comigo!

Verifica a tua compreensão

1. Porque é que o Tom precisa de ajuda?

2. O que é que Jenny e a Sarah vão fazer?

3. Quem é que vai pagar os bilhetes de cinema?

4. Porque é que achas que o Tom vai pagar?

Respostas

1. Ele precisa de alguém para cuidar da sua filha enquanto ele está no dentista.

2. A Jenny vai levar a Sarah ao cinema.

3. O Tom vai pagar pelos dois bilhetes.

4. Ele vai pagar porque a Jenny está a fazer-lhe um favor.

Tom: Could you please give me a hand this weekend?

Jenny: Maybe. It depends which day. I'm going on a long hike on Sunday.

Tom: Would you mind looking after Sarah during my dentist appointment on Saturday?

Jenny: Okay, no problem. I love hanging out with her. What time?

Tom: From 2:00 until around 4:30. She wants to see that new robot movie. Why don't I give you money for the two of you, and you can take her?

Jenny: Oh, that sounds fun. I'm in!

#24: Estou com fome!

A Emma está a queixar-se ao pai sobre o quão faminta está.

Emma: Pai! Estou com fome. Quando é o jantar?

Pai: Espera mais alguns minutos. A massa ainda tem que cozinhar.

Emma: Mal posso esperar. Vou petiscar alguma coisa.

Pai: Não. O jantar estará pronto em menos de 10 minutos. Podes esperar.

Emma: Não consigo.

Pai: Porque é que estás com tanta fome? Vamos jantar cedo hoje. São apenas 17:30.

Emma: Não sei. Simplesmente estou.

Pai: Bem, não estragues o teu jantar com petiscos. Espera. Não vais morrer!

Verifica a tua compreensão

1. A Emma vai petiscar alguma coisa antes do jantar?
2. Porque é que a Emma está com tanta fome?
3. A que horas é que a família normalmente janta?

Respostas

1. Não, não vai.
2. Não sabemos porque é que a Emma está com tanta fome.
3. Eles provavelmente jantam depois das 17:30.

Emma: Dad! I'm hungry. When is dinner?

Dad: Hang on for a few more minutes. The pasta still has to cook.

Emma: I can't wait. I'm going to have a snack.

Dad: No. Dinner will be ready in less than 10 minutes. You can wait.

Emma: I can't.

Dad: Why are you so hungry? We are eating early tonight. It's only 5:30.

Emma: I don't know. I just am.

Dad: Well, don't ruin your dinner with snacks. Just wait. You won't die!

#25: Obrigado por teres vindo

O Tom vai receber a Jenny em casa dele.

Tom: Olá Jenny! Obrigado por teres vindo.

Jenny: Muito obrigada por me teres convidado. Estou ansiosa para ver a tua casa.

Tom: Por favor, entra. Posso ficar com o teu casaco?

Jenny: Claro, obrigada. Queres que tire os sapatos?

Tom: Sim, se não te importares. Entra. O que queres beber?

Jenny: Ah, eu adoraria uma cerveja se tiveres.

Tom: Claro que sim. Vem comigo à cozinha.

Verifica a tua compreensão

1. Quantas vezes é que a Jenny já foi à casa do Tom?

2. A Jenny tem que tirar os sapatos em casa dele?

3. O que é que a Jenny quer beber?

Respostas

1. É a primeira vez dela na casa dele.

2. Sim, tem.

3. Ela quer uma cerveja.

Tom: Hi Jenny! Thanks for coming over.

Jenny: Thanks so much for inviting me. I'm excited to see your home.

Tom: Please come in. Can I take your jacket?

Jenny: Sure, thank you. Should I take off my shoes?

Tom: Yes, if you don't mind. Come on in. What can I get you to drink?

Jenny: Oh, I'd love a beer if you have.

Tom: Sure do. Come with me to the kitchen.

#26: Pedir pizza

O Tom está a pedir uma pizza ao telefone.

Funcionário: Olá, ABC Pizza.

Tom: Olá, eu queria encomendar uma pizza grande de pepperoni, se faz favor.

Funcionário: Mais alguma coisa?

Tom: Não, acho que é só isso. Espera. Talvez umas asinhas de frango também.

Funcionário: Claro, para take-away ou entrega?

Tom: Eu vou buscar.

Funcionário: Dê-nos 30 minutos. Qual é o seu nome e número de telefone?

Tom: Tom e 123-456-7890. Até já.

Verifica a tua compreensão

1. O Tom vai receber a pizza dele em casa?
2. Quanto tempo até a pizza ficar pronta?
3. O Tom pediu mais alguma coisa para além da pizza?
4. Porque é que a pizzaria precisa do número de telefone do Tom?

Respostas

1. Não, não vai.
2. Vai levar 30 minutos.
3. Sim, pediu. Ele também quer algumas asinhas de frango.
4. Eles querem o número de telefone dele caso haja algum problema, ou caso o Tom não vá buscar a pizza.

Employee: Hi, ABC Pizza.

Tom: Hi, I'd like to get a large pepperoni pizza, please.

Employee: Anything else?

Tom: No, that's it, I think. Wait. Maybe an order of hot wings as well.

Employee: Sure, for pick-up or delivery?

Tom: I'll pick it up.

Employee: Give us 30 minutes. What's your name and phone number?

Tom: Tom and 123-456-7890. See you soon.

#27: Planos de fim de semana

O Sammy e o Bill estão a falar acerca dos seus planos para o fim de semana.

Sammy: Quais são os teus planos para o fim de semana?

Bill: Provavelmente vou beber uns copos com amigos no sábado à noite. E depois vou passar o domingo todo a dormir!

Sammy: Estás a ficar velho.

Bill: Talvez! E tu, o que vais fazer?

Sammy: Um pouco mais saudável do que tu. Vou fazer uma caminhada com alguns amigos no sábado e depois tenho um jogo de basebol no domingo.

Bill: Isso também parece divertido!

Verifica a tua compreensão

1. O que é que o Bill vai fazer no fim de semana?
2. O que é que o Sammy vai fazer?
3. Porque é que o Bill vai passar o domingo inteiro a dormir?

Respostas

1. Ele vai beber álcool e depois descansar.
2. Ele vai fazer uma caminhada e depois jogar basebol.
3. Ele provavelmente vai passar o domingo todo a dormir porque ficou acordado até tarde no sábado e bebeu demais.

Sammy: What's your plan for the weekend?

Bill: I'll probably have some drinks with friends on Saturday night. Then I'll spend all of Sunday sleeping!

Sammy: You're getting old.

Bill: Maybe! What are you doing?

Sammy: A bit healthier than you. I'm hiking with some friends on Saturday and then I have a baseball game on Sunday.

Bill: That sounds fun too!

#28: O Bob está muito atrasado

A Tammy está irritada com o Bob por ele se atrasar novamente.

Tammy: Bob! Onde estás? Eu já estou aqui. Combinámos encontrar-nos às 7:00, e agora já são 7:15.

Bob: Lamento imenso. Perdi a noção do tempo.

Tammy: Já saíste de casa sequer?

Bob: Não. Mas posso sair num minuto. Estou pronto para ir agora. Não é longe.

Tammy: Não te incomodes Bob. Quando chegares aqui já vais estar mais de uma hora atrasado.

Bob: Porque é que não remarcamos?

Tammy: Não, obrigada. Esta é a terceira vez que isso acontece.

Verifica a tua compreensão

1. A que horas é que eles tinham combinado se encontrar?
2. Quão atrasado é que o Bob vai chegar?
3. Eles fizeram novos planos?
4. Como é que a Tammy se sente?

Respostas

1. Eles combinaram encontrar-se às 7:00.
2. Ele vai chegar mais de uma hora atrasado.
3. Não, a Tammy não quer fazer mais planos porque esta é a terceira vez que o Bob se atrasa.
4. Ela sente-se zangada e irritada.

Tammy: Bob! Where are you? I'm already here. We were supposed to meet at 7:00, and it's now 7:15.

Bob: I'm so sorry. I lost track of time.

Tammy: Have you even left your house yet?

Bob: No. But I can leave in a minute. I'm ready to go now. It's not far.

Tammy: Don't bother Bob. By the time you get here, you'll be over an hour late.

Bob: Why don't we reschedule?

Tammy: No, thank you. This is the third time this has happened.

#29: Como foi o teu Natal?

A Emma está a falar com a Cara acerca das férias de Natal.

Cara: Como foi o teu Natal?

Emma: Nada bom. Apanhei uma constipação e senti-me horrível. Na verdade, a minha família ficou toda doente.

Cara: Isso é terrível!

Emma: Sim, foi. Espero que o teu tenha sido melhor.

Cara: Foi tão bom. Fizemos uma viagem de esqui em família.

Emma: Isso parece incrível. Foram a Whistler?

Cara: Sim, alugamos uma cabana por uma semana.

Emma: Que divertido!

Verifica a tua compreensão

1. Quem teve umas férias divertidas?
2. Porque é que a Emma não gostou das férias?
3. O que é que a família da Cara fez?

Respostas

1. A Cara teve umas férias divertidas.
2. Ela não gostou porque estava doente.
3. Eles alugaram uma cabana e foram esquiar.

Cara: How was your Christmas?

Emma: Not great. I caught a cold and felt terrible. My whole family was sick actually.

Cara: That's terrible!

Emma: It was. I hope that yours was better.

Cara: It was so good. We went on a family ski trip.

Emma: That sounds amazing. To Whistler?

Cara: Yes, we rented a cabin for a week.

Emma: Fun!

#30: Experimentar roupas na loja

O Tim está a perguntar ao funcionário se ele pode experimentar algumas roupas.

Tim: Desculpe, posso experimentar estas camisas e calças?

Funcionário: Claro, os provadores são ali. Quantos artigos tem?

Tim: Deixe-me ver . . . 5 camisas e 3 calças.

Funcionário: Só pode levar 5 de cada vez. Mas podemos segurar alguns cá fora para si. Basta que me avise quando terminar de experimentar alguns, e eu dou-lhe outros.

Tim: Claro, obrigado.

Funcionário: Sem problemas.

Verifica a tua compreensão

1. Porque é que só se pode levar 5 itens para os provadores?

2. Quantas coisas é que o Tim quer experimentar?

3. O que é que o Tim vai comprar?

Respostas

1. A loja não quer que as pessoas roubem coisas.

2. Ele quer experimentar 8 coisas.

3. Não temos a certeza.

Tim: Excuse me, can I try these shirts and pants on?

Employee: Sure, the changing room is over there. How many items do you have?

Tim: Let me see . . . 5 shirts and 3 pants.

Employee: You can only take 5 in at a time. But we can hold some outside for you. Just let me know when you're done with some of them, and I'll give you some more.

Tim: Sure, thank you.

Employee: No problem.

#31: O encontro às cegas

O Aaron está a falar com a Beth sobre o seu encontro às cegas.

Aaron: Preciso de algumas ideias para um encontro às cegas que vou ter.

Beth: Que tal um café? É barato, e se não gostares dela podes sair depois de 20 ou 30 minutos!

Aaron: Ótima ideia.

Beth: Quem vos juntou?

Aaron: Foi o meu primo Terry. É uma colega de trabalho dele.

Beth: Espero que corra bem.

Aaron: Ela parece muito fixe, de acordo com o Terry. Vou fazer figas!

Verifica a tua compreensão

1. O que é que o Aaron vai fazer para o seu encontro às cegas?
2. Com quem é que o Aaron vai num encontro?
3. O que é um encontro às cegas?
4. Porque é que o café é uma boa ideia para um encontro às cegas?

Respostas

1. Ele deve ir a um café.
2. Ele vai sair com a colega de trabalho do primo.
3. É um encontro com alguém que nunca viste ou conversaste anteriormente.
4. É uma boa ideia porque é barato e não precisa ser muito longo.

Aaron: I need some ideas for a blind date that I'm going on.

Beth: How about a coffee date? It's cheap, and if you don't like her, you can leave after 20 or 30 minutes!

Aaron: That's a great idea.

Beth: Who set you up?

Aaron: My cousin Terry did. It's his coworker.

Beth: Hopefully it turns out well.

Aaron: She seems really cool, according to Terry. Fingers crossed!

#32: Abrir uma conta bancária

A Lucy quer abrir uma conta bancária.

Funcionário: Como posso ajudar?

Lucy: Gostaria de abrir uma conta bancária, por favor.

Funcionário: Claro, uma conta para o dia a dia?

Lucy: Sim, é isso.

Funcionário: Ok. Posso ver dois documentos de identificação? Um deles tem que ter uma foto.

Lucy: Aqui está.

Funcionário: Ok, tudo bem. Vou preparar tudo. Só uns minutinhos.

Verifica a tua compreensão

1. O banco tem mais de um tipo de conta?
2. Quanto tempo levará para configurar a conta?
3. Quantos documentos de identificação são necessários para abrir uma conta?

Respostas

1. Sim, tem.
2. Alguns minutos.
3. São precisos dois.

Clerk: How can I help you?

Lucy: I'd like to open up a bank account, please.

Clerk: Sure, our everyday account?

Lucy: Yes, that's it.

Clerk: Okay. Can I see two pieces of ID? One must have a picture.

Lucy: Here you go.

Clerk: Okay, that's fine. I'll get it set up. It'll just be a few minutes.

#33: Na biblioteca

O Kevin quer requisitar alguns livros da biblioteca.

Kevin: Com licença, posso requisitar alguns livros?

Funcionário: Claro, tem o seu cartão da biblioteca?

Kevin: Ah, não. Eu não tenho uma conta.

Funcionário: Ok, mora no Porto?

Kevin: Sim.

Funcionário: Posso ver a sua carta de condução? Posso obter todas as informações de que preciso a partir daí.

Kevin: Claro.

Funcionário: Ok, aqui está o seu cartão. Pode utilizar o número para se registar numa conta online.

Kevin: Ótimo, obrigado. Quantos livros posso requisitar ao mesmo tempo?

Funcionário: Pode requisitar 10 livros de cada vez por três semanas. Pode renová-los online até três vezes.

Verifica a tua compreensão

1. Onde achas que fica a biblioteca?
2. É preciso uma carta de condução para obter um cartão da biblioteca?
3. Quantos livros se pode requisitar?
4. Por quanto tempo se pode requisitar os livros?

Respostas

1. Provavelmente é no Porto.
2. Não, não é preciso.
3. Pode-se requisitar 10 livros de cada vez.
4. Podem-se requisitar por 3 semanas x 4 vezes (12 semanas no total).

Kevin: Excuse me, can I check out some books?

Clerk: Sure, have you got your library card?

Kevin: Oh no. I don't have an account.

Clerk: Okay, do you live in Porto?

Kevin: Yes.

Clerk: Can I see your driver's license? I can get all the information I need from there.

Kevin: Sure.

Clerk: Okay, here's your card. You can use the number to sign up for an account online.

Kevin: Great, thanks. How many books can I get at one time?

Clerk: You can check out 10 books at a time for three weeks. You can renew them online up to three times.

#34: Planear uma caminhada

O Aiden e o Bob estão a falar sobre irem fazer uma caminhada.

Aiden: Quando é o teu próximo dia de folga? Queres fazer uma caminhada?

Bob: Eu estou de folga sexta-feira e sábado. Porque é que não vamos no sábado de manhã?

Aiden: Claro, por mim pode ser.

Bob: Talvez no Camino Portugal?

Aiden: Eu adoro esse. Posso ir buscar-te por volta das 10:00?

Bob: Perfeito, até logo.

Aiden: E vamos beber uma cerveja e almoçar depois, se tiveres tempo.

Bob: Boa ideia.

Verifica a tua compreensão

1. O que é que o Bob e o Aiden vão fazer no fim de semana?
2. Quem vai conduzir?
3. Quando é que eles vão?
4. Quando é que o Bob trabalha?

Respostas

1. Eles vão fazer uma caminhada e depois almoçar e beber uma cerveja.
2. O Aiden vai conduzir.
3. Eles vão no sábado às 10:00.
4. Ele provavelmente trabalha de domingo a quinta-feira.

Aiden: When is your next day off? Do you want to go hiking?

Bob: I have Friday and Saturday off. Why don't we go on Saturday morning?

Aiden: Sure, that's good for me.

Bob: Maybe on the Camino Portugal?

Aiden: I love it there. I can pick you up around 10:00?

Bob: Perfect, see you then.

Aiden: And let's get a beer and some lunch after if you have time.

Bob: Good idea.

#35: A gelataria

A Mandy e o Todd estão a decidir que tipo de gelado comprar.

Mandy: Há tantas opções aqui!

Todd: Eu sei, é por isso que gosto de vir aqui. O que é que vais pedir?

Mandy: Eu sei que é aborrecido, mas normalmente peço sempre a mesma coisa. Eu costumo pedir uma bola de biscoitos e natas e uma de gelado arco-íris.

Todd: Esses são clássicos! Não dá para errar com esses.

Mandy: Do que é que gostas?

Todd: Eu gosto de variar e pedir algo diferente todas as vezes. Acho que hoje vou pedir o caramelo salgado.

Verifica a tua compreensão

1. Quem é que geralmente pede sempre a mesma coisa?
2. Qual é o tipo de gelado preferido da Mandy?
3. O que é que o Todd vai pedir?
4. Porque é que o Todd vai àquela gelataria?

Respostas

1. A Mandy geralmente pede sempre a mesma coisa.
2. Ela gosta de biscoitos e natas e gelado arco-íris.
3. Ele vai pedir caramelo salgado.
4. Ele vai lá porque há imensas opções.

Mandy: There are so many choices here!

Todd: I know, that's why I like to come here. What are you thinking about?

Mandy: I know it's boring, but I usually just get the same thing every time. I go for one scoop of cookies & cream and one scoop of rainbow sherbet.

Todd: Those are classics for sure! Can't go wrong with them.

Mandy: What do you like?

Todd: I like to mix it up and get something different every time. I think I'll go for the salted caramel today.

#36: Conversar com um motorista de autocarro

O Jack quer pedir algumas informações ao motorista do autocarro.

Jack*:* Desculpe. Este autocarro vai para Alfama?

Motorista de autocarro*:* Sim, vai. Mas vai ter de atravessar a rua e ir na outra direção.

Jack: Ah, tudo bem. Ótimo. Obrigado. Com que frequência é que passa?

Motorista de autocarro*:* Há muitos a passar. Durante a hora de ponta passam a cada 15 minutos, mais ou menos. Mas talvez tenha de ir em pé. Esta rota é bastante movimentada.

Jack*:* Obrigado. Agradeço a ajuda.

Motorista de autocarro*:* Não há problema.

Verifica a tua compreensão

1. Há algum autocarro que vá para Alfama?

2. Onde é que o Jack pode apanhar o autocarro?

3. O autocarro está cheio durante a hora de ponta?

4. O que acontece quando o autocarro está lotado?

Respostas

1. Sim, há.

2. Ele tem que atravessar a rua.

3. Sim, está.

4. É possível que se tenha de ir em pé em vez de sentado caso esteja cheio.

Jack*:* Excuse me. Does this bus go to Alfama?

Bus driver*:* Yes, it does. But you'll need to cross the street and go in the other direction.

Jack: Oh, okay. Great. Thank you. How often does it run?

Bus driver*:* There are a lot of them. During rush hour, every 15 minutes or so. You might have to stand though. That route is quite busy.

Jack*:* Thank you. I appreciate your help.

Bus driver*:* No problem.

#37: Resoluções de Ano Novo

O Cam e o Barry estão a falar sobre as suas resoluções de Ano Novo.

Cam: Qual é a tua resolução de Ano Novo?

Barry: Eu quero comer menos fora. Eu como fora quase todos os dias. Quero reduzir para uma vez por semana.

Cam: Essa é boa. É tão caro hoje em dia.

Barry: Sim, é um desperdício de dinheiro. Qual é a tua?

Cam: Eu quero ler mais livros. Um por semana!

Barry: Esse é um grande objetivo.

Cam: Acho que consigo. Gosto muito de ler. Fui à biblioteca e requisitei uma pilha de livros.

Verifica a tua compreensão

1. Qual é a resolução de Ano Novo do Barry?
2. Qual é a resolução de Ano Novo do Cam?
3. Onde é que o Cam vai buscar os livros dele?
4. Qual é a parte má de ir comer fora muitas vezes?

Respostas

1. Ele quer comer menos fora.
2. Ele quer ler mais.
3. Parece que ele vai à biblioteca.
4. É caro.

Cam: What's your New Year's resolution?

Barry: I want to eat out less. I eat out almost every day. I want to cut back to once a week.

Cam: That's a good one. It's so expensive these days.

Barry: Yes, it's a waste of money. What's yours?

Cam: I want to read more books. One a week!

Barry: That's a big goal.

Cam: I think I can do it. I really like reading. I just went to the library and got a stack of books.

#38: Ressaca terrível

O Toni não se está a sentir bem porque bebeu demais.

Jen: Estou aborrecida! Vamos ver um filme.

Toni: Ei Jen, não me estou a sentir bem agora.

Jen: Oh, não, o que é que se passa?

Toni: Eu sei que a culpa é minha, mas estou com uma ressaca terrível.

Jen: Porque é que bebes sempre tanto? Espero que pelo menos tenhas tido uma noite divertida. Precisas de alguma coisa?

Toni: Podes trazer-me uma aspirina, por favor?

Jen: Claro, vou buscar um frasco e passo por aqui. Bebe muita água também, ok?

Verifica a tua compreensão

1. O Toni costuma beber demasiado?

2. O que é que a Jen vai trazer para o Toni?

3. O que é que a Jen quer fazer?

4. O Toni divertiu-se na noite anterior?

Respostas

1. Sim, costuma.

2. Ela vai trazer-lhe aspirina.

3. Ela quer ir ao cinema com Toni.

4. Não há informações suficientes para responder a isto.

Jen: I'm bored! Let's go watch a movie.

Toni: Hey Jen, I'm not feeling well right now.

Jen: Oh no, what's wrong?

Toni: I know it's my fault, but I have a terrible hangover.

Jen: Why do you always drink so much? I hope you at least had a fun night. Do you need anything?

Toni: Could you grab me some aspirin, please?

Jen: Sure, I'll pick you up a bottle and stop by. Drink lots of water too, okay?

#39: Comprar um bilhete de comboio

A Jen está a comprar um bilhete de comboio.

Funcionário: Para onde gostaria de ir?

Jen: Porto, por favor.

Funcionário: Ok, a sair agora?

Jen: Sim, por favor.

Funcionário: Lugar normal?

Jen: Não, primeira classe se tiver.

Funcionário: Claro.

Jen: Quanto custa?

Funcionário: 27€ para primeira classe, 20€ para normal.

Jen: Ok. Eu quero primeira classe.

Funcionário: Ok, aqui está o seu bilhete para o comboio das 8:15. Será na plataforma 7.

Verifica a tua compreensão

1. Que tipo de lugar é que a Jen comprou?

2. O comboio parte em breve?

3. Para onde é que ela vai?

Respostas

1. Ela pediu um lugar em primeira classe.

2. Sim, parte.

3. Ela vai para o Porto.

Ticket agent: Where would you like to go?

Jen: Porto, please.

Ticket agent: Okay, leaving now?

Jen: Yes, please.

Ticket agent: Regular seat?

Jen: No, deluxe if you have.

Ticket agent: Sure.

Jen: How much does that cost?

Ticket agent: 27€ for deluxe, 20€ for regular.

Jen: Okay. I'll go with deluxe.

Ticket agent: Okay, here's your ticket for the 8:15 train. You're at platform 7.

#40: No cinema

O Matt está a comprar bilhetes para um filme.

Funcionário: Olá, o que gostaria de ver?

Matt: Batman.

Funcionário: Ok. A exibição das 19:30?

Matt: Sim, por favor.

Funcionário: Para quantas pessoas?

Matt: Quatro.

Funcionário: Ok, e onde gostaria de se sentar?

Matt: Nalgum lugar perto da parte de trás, no meio, por favor.

Funcionário: Ok.

Matt: Eu queria uma mistura de snacks. Posso pagar por isso aqui?

Funcionário: Não, pode pedir isso no outro balcão.

Matt: Com certeza.

Funcionário: Ok, aqui estão os seus bilhetes. Será na sala 4 às 19:30.

Verifica a tua compreensão

1. Quantas pessoas vão ao cinema com o Matt?
2. Onde é que se pode comprar snacks?
3. O que há numa mistura de snacks?
4. Que filme é que eles vão ver?

Respostas

1. 3 outras pessoas.
2. No outro balcão.
3. Não está claro, mas provavelmente pipocas e um refrigerante se estiverem num cinema.
4. Batman.

Ticket Agent: Hi, what would you like to see?

Matt: Batman.

Ticket agent: Okay. The 7:30 show?

Matt: Yes, please.

Ticket agent: For how many people?

Matt: Four.

Ticket agent: Okay, and where would you like to sit?

Matt: Somewhere near the back please, in the middle.

Ticket agent: Okay.

Matt: I'd like to get some snack combos. Can I pay for that here?

Ticket agent: No, you can order that at the concession.

Matt: Sure.

Ticket agent: Okay, here are your tickets. You're in theater 4 at 7:30.

#41: Preparando-se para o Natal

A Jen e a Sabrina estão a falar acerca de se prepararem para o Natal.

Jen: Estás pronta para o Natal?

Sabrina: Na verdade, não. A época festiva é sempre tão movimentada no hospital. Tenho feito vários turnos extra.

Jen: Mas vais fazer muito dinheiro.

Sabrina: Sim, mas fico sem tempo para gastá-lo. Costumo acabar por fazer as compras na véspera de Natal. E tu, estás pronta?

Jen: Acho que sim. Eu faço sempre as compras com bastante antecedência. E tenho feito muitos bolos de Natal.

Sabrina: A tua família tem sorte em te ter!

Jen: Espero que eles também pensem assim.

Verifica a tua compreensão

1. Porque é que a Sabrina está tão ocupada?
2. Qual é a coisa boa de trabalhar tantas horas extras?
3. Quando é que a Sabrina costuma ir às compras de Natal?
4. A Jen está pronta para o Natal?

Respostas

1. Ela está ocupada porque tem feito muitas horas extras no trabalho.
2. Uma coisa boa sobre fazer turnos a mais é o dinheiro extra.
3. Ela costuma fazer as compras na noite anterior ao Natal (véspera de Natal).
4. Sim, está.

Jen: Are you ready for Christmas?

Sabrina: Not really. The holiday season is always so busy at the hospital. I've been working lots of overtime shifts.

Jen: You'll have lots of money though.

Sabrina: Yes, but no time to spend it. I usually end up shopping on Christmas Eve. Are you ready?

Jen: I think so. I always shop really early for everything. And I've been doing lots of Christmas baking.

Sabrina: Your family is lucky to have you!

Jen: I hope they think so.

#42: Check-in no aeroporto

O Bob e o Gary estão no aeroporto a falar sobre onde fazer o check-in para o voo.

Bob: Sabes onde fica o balcão de check-in?

Gary: Não tenho a certeza. Vamos verificar no painel.

Bob: Já vi. Voo 877. Balcão 3.

Gary: Para que lado é isso? Este lugar é tão grande! Não quero ir na direção errada.

Bob: Hmm. Ah. Aqui estão o 7, 8 e 9. Tem de ser para o outro lado.

Gary: Ok. Vamos lá! Estamos muito atrasados. O embarque começa em breve! Vamos andar rápido.

Verifica a tua compreensão

1. A que balcão de check-in é que têm de se dirigir?
2. Quão grande é o aeroporto?
3. Eles chegaram antes do tempo?

Respostas

1. Eles têm que se dirigir ao balcão 3.
2. O aeroporto é muito grande. Existem pelo menos nove balcões de check-in.
3. Não, eles não têm muito tempo.

Bob: Do you know where the check-in counter is?

Gary: I'm not sure. Let's check the board.

Bob: I see it. Flight 877. Counter 3.

Gary: Which way is that? This place is so big! I don't want to start walking in the wrong direction.

Bob: Hmm. Oh. There's 7, 8, and 9. It must be the other way.

Gary: Alright. Let's go! We're pretty late. Boarding is starting soon! Let's walk quickly.

#43: Sob pressão

O Tim está a falar com a sua amiga Amy sobre o seu trabalho de casa.

Amy: Olá, queres ir ver um filme hoje à noite, Tim?

Tim: Ahhh . . . Não posso. Tenho que fazer este trabalho para entregar amanhã. São 20 páginas!

Amy: Oh, não! E estás a começar agora?

Tim: Sim, ainda não comecei. Eu trabalho melhor sob pressão.

Amy: Vais ficar acordado a noite toda?

Tim: Muito provavelmente, sim.

Amy: Porque é que deixaste para a última da hora?

Tim: Eu sempre fiz assim! Porquê começar cedo, se pode fazê-lo no último instante?

Verifica a tua compreensão

1. Porque é que o Tim não pode ir ao cinema?

2. O Tim vai dormir esta noite?

3. Porque é que o Tim deixa as coisas para a última da hora?

4. Como descreverias o Tim?

Respostas

1. Ele não pode ir porque tem que fazer um trabalho para a escola.

2. Provavelmente não.

3. Ele não diz explicitamente, mas é o que ele costuma fazer.

4. Pode-se dizer que ele é desorganizado, preguiçoso ou procrastinador.

Amy: Hey, do you want to catch a movie tonight, Tim?

Tim: Uggghhhh . . . I can't. I have to do this paper that's due tomorrow. It's 20 pages!

Amy: Oh no! Are you just starting now?

Tim: Yes, I haven't started yet. I work best under pressure.

Amy: Are you going to stay up all night?

Tim: Most likely, yes.

Amy: Why did you leave it so late?

Tim: I've always done it like this! Why start early, if you can do it at the last minute?

#44: Está tão chuvoso!

O Tom e a Jenny estão a falar sobre o tempo.

Tom: Não acredito o quanto está a chover hoje!

Jenny: Sim, os meus pés estão encharcados. Detesto. Eu não trouxe meias extra para o trabalho.

Tom: Isso é péssimo. Viste a previsão? Muito sol na próxima semana.

Jenny: Mal posso esperar.

Tom: Eu também. Era suposto eu ir fazer uma caminhada com a minha amiga depois do trabalho hoje, mas tivemos que cancelar. Teria sido terrível.

Verifica a tua compreensão

1. Porque é que os pés da Jenny estão molhados?
2. Como vai estar o tempo na próxima semana?
3. Porque é que o Tom cancelou os seus planos para depois do trabalho?

Respostas

1. Os pés dela estão molhados porque ela estava na rua à chuva.
2. Vai estar muito melhor - ensolarado.
3. Ele cancelou os planos porque está muito chuvoso.

Tom: I can't believe how much it's raining today!

Jenny: Yeah, my feet are soaking wet. I hate it. I didn't bring extra socks to work.

Tom: That's terrible. Did you see the forecast? Lots of sun next week.

Jenny: I'm already looking forward to it.

Tom: Same here. I was supposed to go hiking with my friend after work today, but we had to cancel. It would have been terrible.

#45: Jogar jogos de tabuleiro

A Carla e a Jill estão a falar sobre jogar jogos de tabuleiro.

Carla: Gostas de jogos de tabuleiro, não é?

Jill: Sim, a maioria dos jogos. Porquê?

Carla: Queres vir jogar alguns jogos este fim de semana? Estou a pensar no sábado à tarde.

Jill: Com certeza.

Carla: Ótimo! Vamos começar por volta das 13h30.

Jill: Lá estarei. Envia-me a tua morada.

Carla: Claro. Envio mais tarde.

Jill: Eu levo um petisco qualquer. Obrigada por me convidares.

Carla: Sem problemas!

Verifica a tua compreensão

1. O que é que elas vão fazer no sábado à tarde?
2. A Jill sabe onde a Carla mora?
3. O que é que a Jill vai trazer?

Respostas

1. Jogar jogos de tabuleiro.
2. Não, não sabe.
3. Ela vai trazer um snack.

Carla: You like board games, right?

Jill: Yeah, most games. Why?

Carla: Do you want to come play some games this weekend? I'm thinking Saturday afternoon.

Jill: Definitely.

Carla: Great! We'll start around 1:30.

Jill: I'll be there for sure. Text me your address.

Carla: Sure. I'll do it later.

Jill: I'll bring a snack of some kind. Thanks for inviting me.

Carla: No problem!

#46: Check-in no aeroporto

A Jenny está a fazer o check-in no aeroporto.

Funcionário: Posso ver o seu passaporte, por favor?

Jenny: Claro

Funcionário: Tem alguma mala para despachar?

Jenny: Sim, só uma.

Funcionário: Ok, qual é o seu destino final?

Jenny: Seul.

Funcionário: Por favor, coloque a sua mala na balança.

Jenny: Com certeza.

Funcionário: Fez a sua própria mala?

Jenny: Sim.

Funcionário: Aqui está o seu bilhete. Vai embarcar na porta 7. Por favor, esteja lá às 11:30.

Verifica a tua compreensão

1. A Jenny vai levar uma mala com ela?

2. O avião parte às 11:30?

3. Para onde é que ela vai?

Respostas

1. Sim, vai.

2. Parte depois disso. Ela tem que estar na porta às 11:30.

3. Ela vai para Seul.

Ticket agent: Can I see your passport, please?

Jenny: Sure

Ticket agent: Do you have any bags to check?

Jenny: Yes, just one.

Ticket agent: Okay, what's your final destination?

Jenny: Seoul.

Ticket agent: Please put your suitcase on the scale.

Jenny: Sure.

Ticket agent: Did you pack the bag yourself?

Jenny: Yes.

Ticket agent: Here's your ticket. You're boarding at gate 7. Please be there by 11:30.

#47: Ao telefone

O Tommy quer falar com o Jim.

Tommy: Olá, posso falar com o Jim?

Rececionista: Jim Ford ou Jim Smith?

Tommy: Jim Ford, por favor.

Rececionista: Ok, vou passar.

Tommy: Obrigado.

Rececionista: Ele não está a atender. Quer deixar recado?

Tommy: Ah. Ele está a trabalhar hoje?

Rececionista: Sim, está. Ele provavelmente está a almoçar agora. Pode tentar novamente mais tarde?

Tommy: Parece-me bem. Vou fazer isso.

Verifica a tua compreensão

1. O Jim Ford está no escritório agora?

2. O Tom quer deixar uma mensagem?

3. O rececionista sabe onde o Jim está?

Respostas

1. Não, não está.

2. Não, ele vai tentar ligar mais tarde.

3. Ele supõe que o Jim esteja a almoçar, mas não tem certeza.

Tommy: Hi, could I please talk to Jim?

Receptionist: Jim Ford or Jim Smith?

Tommy: Jim Ford, please.

Receptionist: Okay, I'll put you through.

Tommy: Thank you.

Receptionist: He's not answering. Would you like to leave a message?

Tommy: Oh. Is he working today?

Receptionist: Yes, he is. He's probably on lunch right now. You could try again later?

Tommy: Sounds good. I'll do that.

#48: Acampar

A Carrie está a falar com o Tim sobre acampar.

Tim: Fizeste alguma coisa divertida neste fim de semana?

Carrie: Sim, fui acampar com a minha família.

Tim: Boa! Para onde foram?

Carrie: Fomos para um lugar perto do Porto. O nosso acampamento ficava mesmo perto do oceano.

Tim: Parece divertido. Eu sempre quis ir lá, mas é difícil conseguir um lugar.

Carrie: Eu sei. Tivemos sorte. E o tempo estava tão bom também.

Verifica a tua compreensão

1. O que é que a Carrie fez no fim de semana passado?
2. Porque é que achas que é difícil reservar um parque de campismo perto do Porto?
3. Como estava o tempo no fim de semana passado?

Respostas

1. Ela foi acampar com a família.
2. Provavelmente é difícil conseguir um lugar porque é bem perto do oceano.
3. Estava muito bom.

Tim: Did you get up to anything fun this weekend?

Carrie: Yeah, I went camping with my family.

Tim: Nicc! Whore did you go?

Carrie: We went to a place near Porto. Our campsite was right on the ocean.

Tim: That sounds fun. I've always wanted to go there, but it's difficult to get a campsite.

Carrie: I know. We got lucky. And the weather was so nice as well.

#49: Na imigração do aeroporto

O Jeremy está a passar pela imigração no aeroporto de Lisboa.

Agente de imigração*: Por favor, mostre-me o seu passaporte.

Jeremy*: Ok.

Agente de imigração*: Qual é o motivo da sua visita?

Jeremy*: Vou visitar um amigo.

Agente de imigração*: Quanto tempo vai ficar?

Jeremy*: 3 semanas.

Agente de imigração*: Qual é a morada?

Jeremy*: Ah... só um segundo. Vou procurar no meu telemóvel. Ok, é a Rua Smith, 123.

Agente de imigração*: Tem uma viagem de regresso?

Jeremy*: Sim, tenho.

Agente de imigração*: Tudo bem, o seu visto é válido por um mês.

Jeremy*: Ok. Obrigado.

Verifica a tua compreensão

1. Porque é que o Jeremy vai a Lisboa?

2. Quanto tempo é que ele vai ficar?

3. Ele precisa de visto?

Respostas

1. Ele está a visitar um amigo.

2. Ele vai ficar 3 semanas.

3. Sim, precisa. Ele conseguiu um visto de 1 mês.

Immigration agent: Please show me your passport.

Jeremy: Okay.

Immigration agent: What's the purpose of your visit?

Jeremy: I'm visiting my friend.

Immigration agent: How long are you staying?

Jeremy: 3 weeks.

Immigration agent: What's the address?

Jeremy: Oh. . . just a second. I'll look on my phone. Okay, it's 123 Smith Street.

Immigration agent: Do you have a return ticket?

Jeremy: Yes, I do.

Immigration agent: Alright, your visa is good for one month.

Jeremy: Okay. Thank you.

#50: Por favor, toma conta dos meus gatos

O Doug está a pedir à Sandra que tome conta dos seus gatos enquanto ele vai de férias.

Doug: Podes cuidar dos meus gatos enquanto eu vou acampar, por favor?

Sandra: Claro, em que dias?

Doug: 19 e 22 de julho.

Sandra: Sem problema. O que é que tenho de fazer?

Doug: Podes passar lá todos os dias para lhes dar um pouco de comida e limpar a caixa de areia?

Sandra: Claro.

Doug: Eles também iam gostar bastante se brincasses com eles e lhes desses algumas festinhas. Eles sentem-se sozinhos quando eu não estou em casa.

Sandra: Eu posso fazer isso também. Eu adoro gatos. Estou entusiasmada para fazer isso!

Verifica a tua compreensão

1. O que é que a Sandra tem que fazer?
2. Achas que os gatos são amigáveis?
3. A Sandra está irritada por ter que ajudar?
4. Por quantos dias é que ela tem que cuidar dos gatos?

Respostas

1. Ela tem que cuidar dos gatos do Doug enquanto ele vai de férias.
2. Sim, provavelmente são porque gostam de festinhas.
3. Não, ela fica feliz por ajudar porque gosta muito de gatos.
4. Ela tem que cuidar dos gatos durante 4 dias.

Doug: Can you please look after my cats while I go camping?

Sandra: Sure, which days?

Doug: July 19-22nd.

Sandra. No problem. What do I have to do?

Doug: Could you stop by every day to give them some food and clean their litter box?

Sandra: Sure.

Doug: They'd love it if you played with them and gave them some cuddles too. They get lonely when I'm not home.

Sandra: I can do that too. I love cats. I'm excited about doing it!

#51: Pedir indicações

O Jim está perdido e precisa de indicações.

Jim: Desculpe. Sabe onde fica o restaurante do Luigi?

Matt: Nunca ouvi falar desse. Qual é a morada?

Jim: É na esquina da 10th Avenue com a 7th Street.

Matt: Ah, deve ser mesmo ao lado do Starbucks. Está bastante perto. Desça esta rua por cerca de 2 quarteirões e depois vai estar à sua esquerda.

Obrigado pela ajuda!

Matt: Sem problemas.

Verifica a tua compreensão

1. Onde é que o Jim vai?
2. O restaurante fica perto do quê?
3. Quão longe é o restaurante?
4. Como é que o Jim e o Matt se conhecem?

Respostas

1. Ele vai ao restaurante do Luigi.
2. O restaurante fica ao lado de um Starbucks.
3. O restaurante fica a dois quarteirões de distância.
4. Eles não se conhecem. O Matt é provavelmente um homem aleatório que o Jim viu na rua.

Jim: Excuse me. Do you know where Luigi's restaurant is?

Matt: I've never heard of it. What's the address?

Jim: It's on the corner of 10th Avenue and 7th Street.

Matt: Oh, it must be right next to the Starbucks. You're pretty close. Go down this street for about 2 blocks, and then you'll see it on your left.

Jim: Thanks for your help!

Matt: No problem at all.

#52: Por diversão

O Bob e o Keith estão a conhecer-se num encontro às cegas.

Bob: Então, o que é que gostas de fazer para te divertires?

Keith: Bem, eu passo o máximo de tempo fora de casa possível. Estou sempre a fazer caminhadas ou a andar de caiaque. Também faço passeios de bicicleta à noite. E também adoro viajar.

Bob: Ah, tens alguma viagem planeada?

Keith: Vou fazer uma viagem no próximo mês para a Argentina e o Peru. Estou muito entusiasmado com isso.

Bob: Parece incrível!

Keith: Mas chega de falar de mim. O que é que tu gostas de fazer para te divertires?

Bob: Eu gosto de atividades dentro de casa, como ver filmes ou cozinhar.

Verifica a tua compreensão

1. Quem achas que vê mais televisão?
2. O que é que o Keith faz para se divertir?
3. O Keith vai ter férias em breve?
4. Achas que o Bob e o Keith vão começar a namorar?

Respostas

1. O Bob provavelmente vê mais TV. Ele gosta de atividades dentro de casa, como ver filmes.
2. Ele gosta de caminhadas, andar de caiaque, andar de bicicleta e viajar.
3. Sim, ele vai ao Peru e à Argentina no próximo mês.
4. Talvez não. Eles parecem muito diferentes.

Bob: So what do you like to do for fun?

Keith: Well, I spend as much time out of doors as possible. I'm always hiking or kayaking.

I also do overnight cycle tours. And I love to travel as well.

Bob: Oh, do you have a trip planned?

Keith: I'm going on a trip next month to Argentina and Peru. I'm so excited about it.

Bob: That sounds amazing!

Keith: Enough about me though. What do you like to do for fun?

Bob: I like inside activities like watching movies or cooking.

#53: Abranda

O Sam está a conduzir muito depressa.

Hank: Ei, abranda! Estás a conduzir tão depressa.

Sam: Não te preocupes. IRelaxa. Sou um bom condutor.

Hank: Estou assustado. Por favor, vai mais devagar.

Sam: Para de te preocupar tanto. É assim que eu conduzo sempre.

Hank: Encosta, por favor. Eu quero sair.

Sam: Como vais até casa?

Hank: Vou de autocarro.

Sam: Ok, ok. Vou conduzir como uma avó. Para de te preocupar.

Verifica a tua compreensão

1. Como é que o Hank se sente? Porquê?

2. Porque é que o Hank quer que o Sam encoste?

3. O que é que o Hank quer fazer?

4. O Sam concorda em abrandar?

Respostas

1. Ele está assustado porque o Sam está a conduzir demasiado depressa.

2. Ele quer que ele encoste para que possa sair.

3. Ele quer apanhar o autocarro em vez de conduzir com o Sam.

4. Sim, ele concorda em conduzir mais devagar (como uma avó!)

Hank: Hey, slow down! You're driving so fast.

Sam: It's fine. Just relax. I'm a good driver.

Hank: I feel scared. Please slow down.

Sam: Stop worrying so much. This is how I drive all the time.

Hank: Please pull over. I want to get out.

Sam: How are you going to get home?

Hank: I'll take the bus.

Sam: Okay, okay. I'll drive like a grandma. Stop worrying.

#54: Fazer check-in num hotel

O Tom está a fazer o check-in num hotel.

Tom: Olá, gostava de fazer o check-in, por favor.

Funcionário do hotel: Claro, tem uma reserva?

Tom: Sim, está em nome de Tom Smith.

Funcionário do hotel: Ok, deixe-me verificar. Ah, aqui está.

Tom: Ótimo.

Funcionário do hotel: Aqui está a sua chave. É o quarto 403. Precisa de uma extra?

Tom: Não, não preciso.

Funcionário do hotel: Ok. E aqui estão os seus vouchers para o pequeno-almoço no restaurante. É servido entre as 7:00 e as 10:30. Aproveite a sua estadia.

Verifica a tua compreensão

1. O Tom tem uma reserva no hotel?

2. O pequeno-almoço está incluído?

3. De quantas chaves é que o Tom precisa?

Respostas

1. Sim, tem.

2. Sim, está.

3. Ele só precisa de uma chave.

Tom: Hi, I'd like to check in, please.

Hotel clerk: Sure, do you have a reservation?

Tom: Yes, it's under Tom Smith.

Hotel clerk: Okay, let me check. Oh, there it is.

Tom: Great.

Hotel clerk: Here's your key. It's room 403. Do you need an extra one?

Tom: No, I don't.

Hotel clerk: Okay. And here are your vouchers for breakfast in the restaurant. It's served between 7:00 and 10:30. Enjoy your stay.

#55: Onde fica a vossa loja?

A Mary está ao telefone com um funcionário da loja para pedir informações.

Mary: Olá, estou a tentar chegar à vossa loja, mas estou um pouco confusa.

Funcionário: Ok. Onde está agora?

Mary: Eu vim para a morada correta no Google Maps, mas não vejo a vossa loja.

Funcionário: Tudo bem. Na verdade, estamos dentro da mercearia. Está a vê-la?

Mary: Sim, estou mesmo à frente.

Funcionário: Entra na mercearia e estamos no fundo, à esquerda.

Mary: Perfeito. Obrigada.

Verifica a tua compreensão

1. Porque é que a Mary está a ligar para a loja?
2. Porque é que a Mary não consegue encontrar a loja?
3. A loja é na parte da frente ou de trás da mercearia?
4. O que é que a Maria quer comprar?

Respostas

1. Ela está a ligar porque não consegue encontrar a loja.
2. Ela não consegue encontrar a loja porque a loja é dentro da mercearia.
3. A loja fica na parte de trás da mercearia.
4. Não temos nenhuma informação acerca disto.

Mary: Hi, I'm trying to get to your store but I'm a bit confused.

Clerk: Okay. Where are you now?

Mary: I came to the correct address on Google Maps but I don't see your place.

Clerk: Sure. We're actually inside the grocery store. Do you see it?

Mary: Yes, I'm right in front of it.

Clerk: Come into the store and we're at the back, on the left.

Mary: Perfect. Thank you.

#56: Grandes problemas na escola

Uma professora está a ligar ao Bob por causa do seu filho.

Professora: Olá, Bob? Esta é a professora do Ethan, Sra. Bolen.

Bob: Ah, olá. Está tudo bem?

Professora: Na verdade, não. O Ethan acabou de dar um soco numa criança durante o recreio e partiu-lhe o nariz. Tem que vir buscá-lo.

Bob: Oh, não. Peço imensa desculpa. Chego aí em 15 minutos.

Professora: Ele estará à espera no escritório principal. Vai ter que falar com o diretor antes de ir para casa.

Bob: Ok. Lamento imenso o sucedido. Não sei o que é que se passa com o Ethan ultimamente.

Professora: Por favor, fale com o diretor e resolva o assunto.

Verifica a tua compreensão

1. Quem é o Ethan?

2. Porque é que o Ethan está em apuros?

3. O que vai acontecer com o Ethan?

4. O Ethan tem estado bem ultimamente?

Respostas

1. O Ethan é filho do Bob.

2. O Ethan está em apuros porque deu um soco noutra criança.

3. Não está claro. O Bob tem que falar com o diretor.

4. Não parece estar.

Teacher: Hi, Bob? This is Ethan's teacher, Ms. Bolen.

Bob: Oh, hello. Is everything okay?

Teacher: Not really. Ethan just punched a child during recess and broke his nose. You'll have to come pick him up.

Bob: Oh no. I'm so sorry. I'll be there in 15 minutes.

Teacher: He'll be waiting at the main office. You'll have to talk to the principal before you go home.

Bob: Okay. I'm so sorry about this. I don't know what's up with Ethan these days.

Teacher: Please talk to the principal and get this all sorted out.

#57: Tenho que cancelar

A Cindy tem que cancelar os planos com a Tina.

Cindy: Tina. Tenho que cancelar os planos de hoje. O Bobby está doente e o Andy tem que trabalhar esta noite.

Tina: Não te preocupes. Vamos sair na próxima semana, quando ele estiver a se sentir melhor.

Susana: Desculpa. Estava ansiosa para jantar contigo.

Tina: Eu também. Mas eu entendo totalmente. Vamos tentar na próxima terça-feira.

Cindy: Isso deve funcionar. Falamos por mensagem daqui a alguns dias para planear tudo.

Tina: Ok.

Verifica a tua compreensão

1. A Cindy e a Tina vão sair hoje à noite?
2. A Tina está irritada com a Cindy?
3. Quem são o Bobby e o Andy?

Respostas

1. Não, não vão.
2. Não, não está.
3. O Bobby provavelmente é o filho da Cindy, e o Andy pode ser o namorado ou marido dela.

Cindy: Tina. I have to cancel for tonight. Bobby is sick and Andy has to work tonight.

Tina: No worries. Let's hang out next week when he's feeling better.

Cindy: I'm really sorry. I was looking forward to having dinner with you.

Tina: Me too. But I totally understand. Let's try next Tuesday.

Cindy: That should work. Let's text in a few days to organize everything.

Tina: Okay.

#58: Novos óculos

A Kara está a falar com a Beverly sobre os seus óculos novos.

Kara: Beverly, compraste óculos novos? Estás diferente.

Beverly: Sim, comprei. Gostas?

Kara: São mesmo bonitos. Pareces mais jovem.

Beverly: Fico feliz que tenhas gostado. Para além disso, também consigo ver melhor, o que também é importante!

Kara: Haha! Sim, estamos a envelhecer, não é?

Beverly: Eu sei. É difícil.

Kara: Onde é que os compraste? Eu também preciso de uns novos.

Beverly: Na ABC Optical em New Town Center. Eles estão com promoções. Compre 1 par, receba 1 grátis.

Verifica a tua compreensão

1. Porque é que a Beverly parece diferente?
2. A Kara gosta dos óculos novos?
3. Porque é que a Beverly recomenda a ABC Optical?
4. Porque é que elas precisam de óculos?

Respostas

1. Ela está diferente porque comprou óculos novos.
2. Sim, ela gosta deles.
3. Ela recomendou-os porque eles estão com uma promoção de compre 1, receba 1 grátis.
4. Porque elas estão a ficar velhas!

Kara: Beverly, did you get new glasses? You look different.

Beverly: Yeah, I did. Do you like them?

Kara: They're really cool. You look younger.

Beverly: I'm happy you like them. Plus, I can see better as well which is important too!

Kara: Haha! Yes, getting old, right?

Beverly: I know. It's tough.

Kara: Where did you get them? I need a new pair myself.

Beverly: At ABC Optical in New Town Center. They're having a sale. Buy 1 pair, get 1 for free.

#59: Decidir como chegar a algum lugar

O Bob e o Keith estão a falar acerca de como chegar à baixa para um concerto.

Keith: Onde é o concerto? E é às 20:30, certo?

Bob: É no Orpheum, na baixa. Começa às 21:00, na verdade.

Keith: O estacionamento é tão caro na baixa. E que tal apanharmos o metro até lá em vez de conduzirmos?

Bob: Isso é bom para chegar lá, mas para de passar às 23:30, acho eu. Talvez tenhamos que apanhar um táxi para casa.

Keith: Por mim tudo bem. Serão cerca de 20€ a cada um. Ainda é mais barato do que pagar pelo estacionamento.

Verifica a tua compreensão

1. A que horas começa o concerto?
2. Como é que eles vão até lá? Porquê?
3. Como eles vão voltar para casa? Porquê?
4. Que concerto é?

Respostas

1. O concerto começa às 21:00.
2. Eles vão apanhar o metro porque o estacionamento é caro.
3. Eles vão apanhar um táxi para casa porque vai ser tarde demais para apanhar o metro.
4. Não há informações sobre isto.

Keith: Where's the concert? And, it's at 8:30, right?

Bob: It's at The Orpheum, downtown. It starts at 9:00 actually.

Keith: Parking is so expensive downtown. What about taking the subway there instead of driving?

Bob: That's good for getting there, but it stops running at 11:30 I think. We might have to take a taxi home.

Keith: That's fine with me. It'll be about 20€ each. It's still cheaper than paying for parking.

#60: Fazer pedidos num restaurante

O Sam está a pedir comida e uma bebida.

Empregada de mesa: Olá, quer beber alguma coisa?

Sam: Eu queria um copo de vinho branco, e estou pronto para pedir também.

Empregada de mesa: Claro, o que é que vai ser?

Sam: Vou querer a lasanha, por favor.

Empregada de mesa: Ok, é uma ótima escolha.

Sam: Espero que sim! Ah, e um copo de água.

Empregada de mesa: Claro. Já volto com as bebidas.

Sam: Obrigado.

Verifica a tua compreensão

1. O que é que o Sam quer beber?

2. O que é que ele quer comer?

3. O Sam está sozinho?

Respostas

1. Ele quer vinho branco e água.

2. Ele quer a lasanha.

3. Não está claro. Deve estar.

Waitress: Hi, can I get you something to drink?

Sam: I'd love a glass of white wine, and I'm ready to order too.

Waitress: Sure, what would you like?

Sam: I'll have the lasagna, please.

Waitress: Okay, that's a great choice.

Sam: I hope so! Oh, and a glass of water.

Waiter: Sure. I'll be right back with those drinks.

Sam: Thanks.

#61: Sushi para o jantar

O Tim vai pedir sushi.

Tim: Olá, posso fazer um pedido para as 12:00, por favor?

Empregada de mesa: Claro, para take-away?

Tim: Sim, por favor.

Empregada de mesa: O que vai ser?

Tim: 1 combo B e 1 combo vegetariano.

Empregada de mesa: Ok. Também quer sopa de miso?

Tim: Está incluído?

Empregada de mesa: Não, não está.

Tim: Não, obrigado.

Empregada de mesa: Ok, qual é o seu nome e número de telefone?

Tim: Tim. 778-385-2821.

Verifica a tua compreensão

1. O Tim vai receber o sushi em casa?

2. O que é que o Tim pediu?

3. Quantas pessoas é que vão comer sushi?

Respostas

1. Não, ele vai buscá-lo.

2. Ele vai buscar dois combos.

3. Provavelmente duas, mas não está claro.

Tim: Hi, can I put in an order for 12:00, please?

Waiter: Sure, for pick-up?

Tim: Yes, please.

Waiter: What would you like?

Tim: 1 combo B and 1 vegetarian combo.

Waiter: Okay. Would you like miso soup with that?

Tim: Is it included?

Waiter: No, it's not.

Tim: No, thank you.

Waiter: Okay, what's your name and phone number?

Tim: Tim. 778-385-2821.

#62: Cancelar uma consulta

O Tom gostaria de cancelar a sua consulta no dentista.

Tom: Olá, gostaria de cancelar a minha consulta, por favor.

Funcionário: Claro, qual é o nome?

Tom: Tom Waits.

Funcionário: Deixe-me verificar. É amanhã às 9:00?

Tom: Correto.

Funcionário: Temos uma taxa de cancelamento de 50€ por menos de 24 horas de antecedência.

Tom: A sério? Porquê?

Funcionário: Peço desculpa, é a nossa política. Gostaria de reagendar?

Tom: Não. Vou procurar um novo dentista.

Verifica a tua compreensão

1. Porque é que o Tom tem de pagar 50€?

2. Ele quer remarcar?

3. Porque é que ele quer cancelar a consulta?

4. Como é que o Tom se sente?

Respostas

1. Ele tem que pagar 50€ pelo cancelamento em menos de 24 horas.

2. Não, não quer.

3. Não sabemos porque é que ele quer cancelar.

4. Pode sentir-se irritado ou zangado por ter de pagar 50€.

116

Tom: Hi, I'd like to cancel my appointment, please.

Clerk: Sure, what's the name?

Tom: Tom Waits.

Clerk: Let me see. It's tomorrow at 9:00?

Tom: Correct.

Clerk: We have a 50€ cancellation fee for less than 24 hours notice.

Tom: Really? Why?

Clerk: Sorry, that's our policy. Would you like to reschedule?

Tom: No. I'm going to find a new dentist.

#63: Encomendar comida chinesa

O Ken e a Lana estão a falar em comprar comida chinesa para o jantar.

Ken: Vamos comprar comida chinesa para o jantar hoje à noite.

Lana: Claro, e que tal o Wok Dragon? Aquele lugar é delicioso e barato.

Ken: Sim, eu gosto das bolinhas de frango agridoce deles. O arroz frito também é bom.

Lana: Eu quero o refogado de brócolos e tofu.

Ken: Queres ligar, e eu vou buscar?

Lana: Eles não entregam de graça quando se vive tão perto como nós?

Ken: Ah, talvez.

Lana: Vou perguntar quando eu pedir.

Ken: Ok.

Verifica a tua compreensão

1. Porque é que eles gostam do Wok Dragon?
2. Qual é o prato preferido da Lana de lá?
3. Eles vão buscar a comida ou recebê-la em casa?
4. Quantas coisas é que eles vão pedir?

Respostas

1. Eles gostam porque é delicioso e barato.
2. Ela gosta do refogado de brócolos e tofu.
3. Ainda não sabemos. A Lana vai perguntar se eles têm entrega grátis.
4. Eles provavelmente vão pedir 3 coisas.

Ken: Let's get some Chinese food for dinner tonight.

Lana: Sure, what about Wok Dragon? That place is delicious and cheap.

Ken: Yes, I like their sweet & sour chicken balls. The fried rice is good too.

Lana: I want the broccoli and tofu stir-fry.

Ken: Do you want to call, and I'll go pick it up?

Lana: Don't they deliver for free if you live as close as we do?

Ken: Oh, maybe.

Lana: I'll ask when I order.

Ken: Sure.

#64: Engarrafamento

A Lucy e o Warren estão a deslocar-se para o trabalho juntos.

Lucy: Não acredito que o trânsito está tão mau!

Warren: Podes crer. Está mais movimentado do que o normal. O que será que está a acontecer?

Lucy: Talvez haja um acidente. Vou verificar o Google Maps e ver o que diz.

Warren: Com certeza.

Lucy: Oh, não! Há dois acidentes à frente. Vai levar mais uma hora para chegarmos ao trabalho. Vamos chegar atrasados de certeza.

Warren: Não me quero apressar. Não faz sentido termos um acidente.

Lucy: Deixa-me enviar uma mensagem aos nossos chefes para eles saberem. Concentra-te em conduzir.

Verifica a tua compreensão

1. Quem está a conduzir?
2. Porque é que eles vão chegar atrasados?
3. Porque é que a Lucy vai mandar uma mensagem ao seu chefe?

Respostas

1. O Warren está a conduzir.
2. Eles vão chegar atrasados porque há dois acidentes.
3. Ela vai mandar uma mensagem ao seu chefe para avisar que se vai atrasar.

Lucy: I can't believe traffic is so bad!

Warren: I know. It's busier than normal. I wonder what's up.

Lucy: Maybe there's an accident. I'll check Google Maps and see what it says.

Warren: Sure.

Lucy: Oh no! There are two accidents up ahead. It'll take us another hour to get to work. We'll both be late for sure.

Warren: I don't want to rush. No sense getting into an accident.

Lucy: Let me text our bosses to let them know. You focus on driving.

#65: Receber um reembolso

O Tom gostaria de receber o dinheiro de volta por uma t-shirt que comprou.

Tom: Gostaria de trocar esta t-shirt.

Funcionário: Tem alguma coisa de errado com ela?

Tom: Não. Comprei para a minha filha, mas ela não gosta.

Funcionário: Ok, entendido. Tem o recibo?

Tom: Sim, está aqui.

Funcionário: Ok, gostaria de receber o reembolso ou de trocá-la?

Tom: O reembolso, por favor.

Funcionário: Tem o cartão de crédito que usou para comprá-la?

Tom: Sim, tenho. Aqui mesmo.

Verifica a tua compreensão

1. Porque é que o Tom está a devolver a t-shirt?

2. Como é que o Tom pagou pela t-shirt?

3. O Tom quer o dinheiro dele de volta?

Respostas

1. Ele está a devolver a t-shirt porque a filha não gostou.

2. Ele pagou com cartão de crédito.

3. Sim, quer.

Tom: I'd like to exchange this t-shirt.

Clerk: Is there anything wrong with it?

Tom: Oh no. I bought it for my daughter, but she doesn't like it.

Clerk: Okay, I see. Do you have the receipt?

Tom: Yes, right here.

Clerk: Okay, would you like a refund or would you like to exchange it?

Tom: A refund, please.

Clerk: Do you have the credit card you bought it with?

Tom: Yes, I do. Right here.

#66: Jogar Monopólio

A Mandy e o Todd estão a jogar Monopólio.

Mandy: Ei, pára de fazer batota Todd. Estamos apenas a jogar por diversão.

Todd: Não estou a fazer batota. Do que é estás a falar?

Mandy: Estás sempre a tirar dinheiro extra do banco.

Todd: Não, não estou.

Mandy: Todd! Eu vi-te. Devias ter tirado 200$, mas recebeste uma nota de 500$.

Todd: Não sei do que estás a falar.

Mandy: Desisto. Não quero jogar com um batoteiro.

Verifica a tua compreensão

1. O que é que o Todd está a fazer?

2. A Mandy está zangada?

3. Porque é que a Mandy não quer jogar mais?

Respostas

1. Ele está a fazer batota ao receber dinheiro extra do banco.

2. Sim, ela parece zangada e irritada.

3. Ela não quer jogar mais porque o Todd continua a fazer batota, e ele não admite.

Mandy: Hey, stop cheating Todd. We're just playing for fun.

Todd: I'm not cheating. What are you talking about?

Mandy: You keep taking extra money from the bank.

Todd: No, I don't.

Mandy: Todd! I saw you. You were supposed to take $200, but you took a $500 bill.

Todd: I don't know what you're talking about.

Mandy: I quit. I don't want to play with a cheater.

#67: Apanhar um táxi

A Jenny está a falar com um taxista sobre ir para o aeroporto.

Taxista: Para onde gostaria de ir?

Jenny: Para o aeroporto, por favor. Vai até lá?

Taxista: Sim, vou.

Jenny: Quanto vai custar, mais ou menos?

Taxista: Cerca de 50€.

Jenny: Ok. Parece-me bem.

Taxista: Vai para as partidas?

Jenny: Sim.

Taxista: Internacional ou doméstico?

Jenny: Internacional, por favor.

Verifica a tua compreensão

1. Para onde é que a Jenny quer ir?
2. O que significa doméstico no que toca a viagens aéreas?
3. A Jenny concorda com o preço?
4. O táxi é barato ou caro?

Respostas

1. Ela quer ir para a zona das partidas do aeroporto.
2. Significa dentro do mesmo país (não internacional).
3. Sim, concorda.
4. Não temos informações suficientes para saber.

Taxi driver: Where would you like to go?

Jenny: To the airport, please. Do you go there?

Taxi driver: Yes, I do.

Jenny: About how much will it cost?

Taxi driver: Around 50€.

Jenny: Okay. Sounds good.

Taxi driver: You're going to departures?

Jenny: Yes.

Taxi driver: International or domestic?

Jenny: International, please.

#68: Pedir uma cerveja

Um empregado de mesa pergunta ao Gary o que é que ele gostaria de beber.

Empregado de mesa: Olá, quer beber alguma coisa?

Gary: Que tipo de cervejas é que vocês têm?

Empregado de mesa: Temos uma cream ale, uma IPA, uma sour, uma lager e uma porter.

Gary: Ah, que tipo de sour?

Empregado de mesa: É uma sour de framboesa da Moody Ales.

Gary: Pode ser, quero uma caneca dessas. E um copo de água também.

Empregado de mesa: Ok, trago já.

Gary: Obrigado. Gostaria de pedir comida quando voltar.

Empregado de mesa: Com certeza.

Verifica a tua compreensão

1. O que é que o Gary quer beber?

2. O que é uma IPA?

3. O que é que ele quer comer?

4. Quantos tipos de cervejas eles têm?

Respostas

1. Ele quer uma sour de framboesa e um copo de água.

2. É uma espécie de cerveja.

3. Ainda não sabemos.

4. Eles têm cinco tipos de cerveja.

Waiter: Hi, would you like something to drink?

Gary: What kind of beers do you have?

Waiter: We have a cream ale, an IPA, a sour, a lager, and a porter.

Gary: Oh, what kind of sour?

Waiter: It's a raspberry sour from Moody Ales.

Gary: Sure, I'll take a pint of that. And a glass of water as well.

Waiter: Okay, coming right up.

Gary: Thanks. I'd like to order some food when you come back.

Waiter: Sure thing.

#69: Air Jordans

O Tom está à procura de umas Air Jordans.

Tom: Desculpe. Estou à procura das Air Jordans em tamanho 44.

Funcionário: Deixe-me verificar. Não sei se ainda temos esse tamanho. Elas são muito populares. Ah, espere! Está com sorte. Temos em vermelho ou preto.

Tom: Gostava das pretas, por favor.

Funcionário: Ok, eu vou buscar. Volto num minuto.

Tom: Claro, obrigado.

Verifica a tua compreensão

1. Que cor de sapatos é que o Tom quer?

2. A loja tem muitas Air Jordans?

3. Muitas pessoas gostam de Air Jordans?

4. A loja tem o tamanho que o Tom precisa?

Respostas

1. Ele quer comprar os sapatos pretos.

2. Não, não têm.

3. Sim, é um sapato popular.

4. Sim, têm.

Tom: Excuse me. I'm looking for the Air Jordans in a size 44.

Clerk: Let me check. I'm not sure we have that size left. They're very popular. Oh, wait! You're in luck. We have them in red or black.

Tom: I'd love the black ones, please.

Clerk: Okay, I'll go get those. I'll be back in a minute.

Tom: Sure, thanks.

#70: No mercado

A Kerry e a Tracy estão no mercado.

Kerry: Olha como estes tomates são bonitos. Devíamos comprar alguns?

Tracy: Claro. Vamos fazer bruschetta esta noite para o jantar.

Kerry: Perfeito. Então vamos precisar de um pouco de alho e manjericão também. E pão fresco.

Tracy: Definitivamente. Vamos buscar algumas frutas para os lanches. Talvez alguns pêssegos ou uvas?

Kerry: Ok. Eu também quero ver aquelas bolachas e bolos ali.

Tracy: Há tantas coisas boas aqui! Estou feliz por termos decidido vir.

Kerry: Eu também. Olha! Samosas veganas caseiras. Vamos levar algumas dessas para amanhã.

Tracy: Perfeito. Espero que tenhamos sacos suficientes para carregar essas coisas todas!

Verifica a tua compreensão

1. O que é que a Tracy e a Kerry vão fazer para o jantar hoje à noite?
2. Porque é que elas estão a comprar fruta?
3. Que tipo de samosas estão a comprar?

Respostas

1. Elas vão fazer bruschetta para o jantar.
2. Elas estão a comprar fruta para os seus lanches.
3. Eles estão a comprar samosas veganas.

Kerry: Look how nice these tomatoes are. Should we get some?

Tracy: Sure. Let's make bruschetta tonight for dinner.

Kerry: Perfect. Then we'll need some garlic and basil too. And fresh bread.

Tracy: Definitely. Let's get some fruit for lunches. Maybe some peaches or grapes?

Kerry: Okay. I also want to check out those cookies and cakes over there.

Tracy: There are so many good things here! I'm happy we decided to come.

Kerry: Me too. Look! Homemade vegan samosas. Let's pick up a few of those for tomorrow.

Tracy: Perfect. I hope we have enough bags to carry all of this stuff!

#71: Cortar o cabelo

O Matt vai cortar o cabelo.

Jim: Que tipo de estilo é que gostaria?

Matt: O mesmo que agora. Só que mais curto.

Jim: Ok, então rapado nos lados e depois um bocado mais comprido em cima?

Matt: Sim, exactamente.

Jim: Quão comprido em cima?

Matt: Não muito. Menos de dois centímetros.

Verifica a tua compreensão

1. Quem vai cortar o cabelo?

2. O Matt vai mudar de penteado?

3. Como é que o Matt gosta do cabelo dele?

Respostas

1. O Matt vai cortar o cabelo.

2. Não, ele vai ficar com o mesmo estilo.

3. Ele gosta rapado nos lados e um pouco mais comprido em cima.

Jim: What kind of style would you like?

Matt: The same as now. Just shorter.

Jim: Okay, so shaved on the sides and then a bit longer up top?

Matt: Yes, exactly.

Jim: How long on top?

Matt: Not that long. Less than an inch.

#72: Pizza para o jantar?

O Ted está a falar com o marido, Tony, sobre o que jantar.

Ted: Tony, o que é que vamos jantar?

Tony: O que temos no frigorífico? Talvez um salteado de tofu? Temos muitos vegetais. Vou fazer aquele molho agridoce que gostas.

Ted: Isso não me parece bom. E que tal se eu levar uma pizza a caminho de casa depois do trabalho?

Tony: Ted! Já falamos acerca de quanto dinheiro gastamos em take-away e comer fora. Vou fazer o refogado!

Ted: Pronto, vamos cozinhar esta noite. Tens razão.

Verifica a tua compreensão

1. O Ted e o Tony costumam cozinhar em casa?
2. O que é que o Ted quer para o jantar hoje à noite?
3. O que é que eles vão comer?
4. Quem gosta de molho agridoce?

Respostas

1. Provavelmente não. Eles costumam comer fora ou pedir comida.
2. Ele quer pizza.
3. Eles vão fazer um refogado de tofu e legumes em casa.
4. Ambos parecem gostar de molho agridoce.

Ted: Tony, what should we have for dinner?

Tony: What do we have in our fridge? Maybe a tofu stir-fry? We have lots of vegetables. I'll make that sweet & sour sauce that you like.

Ted: That doesn't sound good to me. Why don't I pick up a pizza on the way home from work?

Tony: Ted! We've already talked about how much money we spend on eating out and take out. I'll make the stir-fry!

Ted: Fine, let's cook tonight. You're right.

#73: Todos os invernos

A Katie e a Kim estão a falar sobre a primeira neve do ano.

Katie: Ouviste dizer que vai nevar amanhã à noite?

Kim: A sério? Isso parece mais cedo do que o normal. Esperava que isso não acontecesse até ao próximo mês.

Katie: Acho que não. Isso não acontece sempre por volta do Halloween todos os anos?

Kim: Tens razão, suponho. Todos os invernos fico sempre feliz no primeiro dia de neve, mas depois odeio!

Katie: Eu não me importo. As crianças adoram fazer bonecos de neve e andar de trenó. Elas passam mais tempo ao ar livre quando há muita neve.

Verifica a tua compreensão

1. Quem odeia a neve?

2. Porque é que a Katie não se importa com a neve?

3. Quando costuma nevar onde elas moram?

4. Quais são algumas coisas que as crianças fazem lá fora na neve?

Respostas

1. A Kim odeia a neve.

2. Ela não se importa porque os filhos se divertem a brincar na neve.

3. Geralmente neva no final de outubro.

4. As crianças podem fazer bonecos de neve ou andar de trenó quando há neve.

Katie: Did you hear that it's going to snow tomorrow evening?

Kim: Really? That seems earlier than normal. I was hoping it wouldn't happen until next month.

Katie: I don't think so. Doesn't it always happen around Halloween every year?

Kim: You're right I guess. Every winter, I'm always happy on the first day of snow, but then I hate it!

Katie: I don't mind. The kids love making snowmen and sledding. They spend more time outside when there's lots of snow.

#74: Pedidos num restaurante

O Tim está a pedir algumas coisas à empregada de mesa.

Tim: Desculpe, podia dar-me mais ketchup para as batatas fritas?

Empregada de mesa: Claro, sem problemas.

Tim: Ah, e um pouco de molho picante também.

Empregada de mesa: Ok.

Tim: Obrigado! Desculpe ser tão irritante.

Empregada: Ora essa, sem problema.

Tim: E mais uma coisa. Pode dar-me mais alguns guardanapos, por favor? Estas asas de frango fazem uma sujeira!

Empregada de mesa: Claro, vou trazer mais alguns.

Verifica a tua compreensão

1. Quantas coisas é que o Tim pediu à empregada de mesa?

2. Porque é que ele quer mais guardanapos?

3. A empregada de mesa está irritada com o Tim?

Respostas

1. Ele precisa de três coisas.

2. Ele quer mais guardanapos porque está a comer asas de frango.

3. Não parece estar. Ela parece muito paciente!

Tim: Excuse me, could I please get some more ketchup for my fries?

Waitress: Sure, no problem.

Tim: Oh, and some hot sauce too.

Waitress: Okay.

Tim: Thank you! Sorry to be so annoying.

Waitress: Oh, no problem at all.

Tim: And one more thing. Could I get a couple more napkins, please? These chicken wings are messy!

Waitress: Sure, I'll bring you some more.

#75: Um portátil lento

O Min-Gyu está a falar com a Kiyo sobre o seu portátil lento.

Min-Gyu: Queres ver um filme?

Kiyo: Ok. Podemos encontrar um na Netflix.

Min-Gyu: Parece-me bem.

Kiyo: Hmmm... porque é que está a demorar tanto para o meu portátil ligar?

Min-Gyu: Isso é normal?

Kiyo: Normalmente leva 2 ou 3 minutos.

Min-Gyu: O meu liga em 10 segundos. Quão antigo é o teu portátil?

Kiyo: Não sei. Talvez oito anos.

Min-Gyu: Então é bastante antigo. É por isso que é tão lento. Devias comprar um novo.

Kiyo: Oh, este está bom.

Min-Gyu: A sério? Ainda está a carregar. Precisas de um novo.

Verifica a tua compreensão

1. Qual é o problema?

2. O que é que a Kiyo e o Min-Gyu querem fazer?

3. Porque é que o computador está tão lento?

4. Qual é o conselho do Min-Gyu?

Respostas

1. A Kiyo tem um computador antigo que leva muito tempo a ligar.

2. Eles querem ver um filme na Netflix.

3. É provável que seja lento porque é muito velho.

4. O conselho dele é comprar um computador novo.

Min-Gyu: Do you want to watch a movie?

Kiyo: Okay. We can find one on Netflix.

Min-Gyu: Sounds good.

Kiyo: Hmmm . . . why is it taking so long for my laptop to turn on?

Min-Gyu: Is this normal?

Kiyo: It usually takes 2-3 minutes.

Min-Gyu: Mine turns on in 10 seconds. How old is your laptop?

Kiyo: I don't know. Maybe eight years.

Min-Gyu: That's so old. That's why it's so slow. You should get a new one.

Kiyo: Oh, this one is fine.

Min-Gyu: Really? It's still loading. You need a new one.

#76: Roupas para a escola

O Ben está a comprar roupas novas para a escola com o pai.

Terry: Ok. Então, o que é que está na lista que tu e a mãe fizeram? Vejamos: 2 pares de calças, algumas t-shirts, uma camisola com capuz e uns ténis de corrida?

Ben: Sim. Acho que é isso. Ah, talvez algumas meias e cuecas também. As minhas estão a ficar demasiado pequenas.

Terry: Claro, vamos comprar quatro ou cinco de cada. Em que loja queres começar?

Ben: Uggghhh . . . Não gosto de fazer compras. Vamos à Uniqlo e com sorte conseguimos encontrar tudo menos os sapatos lá.

Terry: Eu também não gosto, mas vamos trabalhar em conjunto para acabarmos isto o mais rápido possível.

Ben: Soa-me bem.

Verifica a tua compreensão

1. O Ben e o Terry gostam de fazer compras?
2. Quantos pares de calças é que eles vão comprar?
3. Quem precisa de roupas novas? Porquê?

Respostas

1. O Ben e o Terry não gostam de fazer compras.
2. Eles vão comprar dois pares de calças.
3. O Ben precisa de roupas novas para a escola.

Terry: Okay. So what's on the list you and your mom made? Let's see: 2 pairs of pants, a couple of t-shirts, a hoodie, and some running shoes?

Ben: Yes. I think that's it. Oh, maybe some socks and underwear, too. Mine are getting too small.

Terry: Sure, we'll buy four or five of each of those. Which store did you want to start at?

Ben: Uggghhh . . . I don't like shopping. Let's go to Uniqlo and we can hopefully find everything but the shoes there.

Terry: I don't like it either but let's work together to get this done as quickly as possible.

Ben: Sounds good to me.

#77: No café

A Hye-Yun está a pedir uma bebida.

Hye-Yun*:* Olá, pode ser um macchiato de caramelo com 3 doses de café expresso, por favor?

Barista*:* Claro, que tamanho?

Hye-Yun*:* Um grande.

Barista*:* Posso saber o seu nome, por favor?

Hye-Yun*:* Hye-Yun.

Barista*:* Hye . . . ?

Hye-Yun*:* Hye-Yun: H-Y-E, Y-U-N.

Barista*:* Ah, ok. Peço desculpa. São 6,85€.

Hye-Yun*:* É tão caro. O valor está certo?

Barista*:* Sim, é um dólar extra para cada dose de espresso.

Hye-Yun*:* Oh, tudo bem. Esqueça as doses extra. Obrigada.

Verifica a tua compreensão

1. Porque é que a bebida dela é tão cara?

2. Ela vai querer as doses extra?

3. O barista percebeu facilmente o nome dela?

Respostas

1. É caro porque ela quer doses extra de café espresso.

2. Não, não vai.

3. Não, não percebeu.

Hye-Yun: Hi, can I please get a caramel macchiato with 3 shots of espresso?

Barista: Sure, what size would you like?

Hye-Yun: A large.

Barista: Can I have your name, please?

Hye-Yun: Hye-Yun.

Barista: Hye . . . ?

Hye-Yun: Hye-Yun: H-Y-E, Y-U-N.

Barista: Oh, okay. Sorry about that. It'll be 6.85€.

Hye-Yun: It's so expensive. Is that right?

Barista: Yes, it's an extra dollar for each espresso shot.

Hye-Yun: Oh, okay. Forget the extra shots. Thanks.

#78: Mudanças

A Amy está a pedir ajuda ao Zeke para se mudar.

Amy: Oi Zeke, tu tens uma carrinha, certo? Podes ajudar-me com as mudanças no próximo fim-de-semana? Posso pagar-te 100€.

Zeke: Eu tenho uma carrinha, e também posso ajudar-te com as mudanças.

Amy: Obrigada.

Zeke: Mas, não tens que me pagar. É para isso que servem os amigos, certo?

Amy: Zeke! És tão simpático.

Zeke: Sem problemas.

Amy: Ok. Bem, então vamos comer pizza e beber cerveja depois. Pago eu.

Zeke: Isso soa bastante bem.

Verifica a tua compreensão

1. O que é que a Amy vai fazer no próximo fim de semana?
2. Porque é que ela quer que o Zeke a ajude?
3. A Amy vai pagar ao Zeke?

Respostas

1. Ela vai mudar de casa.
2. Ela quer que ele a ajude porque ele tem uma carrinha.
3. Não, mas eles vão comer pizza e beber cerveja depois.

Amy: Hey Zeke, you have a truck, right? Can you help me move next weekend? I can pay you 100€.

Zeke: I do have a truck, and I can also help you move.

Amy: Thank you.

Zeke: But, you don't have to pay me. That's what friends are for, right?

Amy: Zeke! You are so kind.

Zeke: No problem.

Amy: Okay. Well, we'll get some pizza and beer afterwards. My treat.

Zeke: That sounds great.

#79: Pedir dinheiro

O Steve está a pedir dinheiro ao pai.

Steve: Pai, preciso de 20€.

Pai: Porquê? Não recebeste muito dinheiro no teu aniversário?

Steve: Gastei esse dinheiro todo.

Pai: Então, para que é que precisas?

Steve: Vão todos almoçar fora hoje.

Pai: Podes levar o almoço de casa. Tudo o que está no frigorífico é grátis para ti! Não te vou fazer pagar por nada.

Steve: Então, dás-me o dinheiro?

Pai: Não. Eu não como fora todos os dias. E sou eu quem tem um emprego.

Steve: Paaaaaaiiiiii! É tão injusto.

Pai: Já pensaste em arranjar um part-time?

Verifica a tua compreensão

1. Porque é que o Steve quer dinheiro?
2. O Steve é bom a poupar dinheiro?
3. O pai do Steve vai dar-lhe o dinheiro?
4. O que é que o pai dele sugere que ele almoce?

Respostas

1. Ele quer almoçar fora com os amigos.
2. Não, não é.
3. Não, não vai.
4. Ele sugere que ele leve comida do frigorífico.

Steve: Dad, I need 20€.

Dad: Why? Didn't you just get a lot of money for your birthday?

Steve: I spent all that money.

Dad: So, what do you need it for?

Steve: Everyone is going out for lunch today.

Dad: You can bring lunch from home. Everything in the fridge is free for you! I won't make you pay for it.

Steve: So, will you give me the money?

Dad: No. I don't eat out every day. And I'm the one with a job.

Steve: Daaaaaaadddd! It's so unfair.

Dad: Have you thought about getting a part-time job?

#80: Ver montras

A Tina e a Mary estão a ver montras de lojas.

Tina: Ohhh ... olha para aquelas camisolas bonitas. São tão lindas.

Mary: Queres entrar e dar uma olhada?

Tina: Hmmm. Eu disse que não ia gastar dinheiro hoje.

Mary: Vamos, vamos só ver. Mal não faz.

Tina: Ok, tens razão. Mas não me deixes pegar no meu cartão de crédito!

Mary: Farei o meu melhor, mas não faço promessas. Eu sei como ficas louca quando gostas de alguma coisa!

Tina: Conheces-me tão bem.

Verifica a tua compreensão

1. A Tina e a Mary estão a planear gastar dinheiro?
2. O que chamou a atenção da Tina?
3. Se a Tina fosse comprar alguma coisa, como é que ela iria pagar?

Respostas

1. Não, elas não estão a planear gastar dinheiro.
2. A Tina viu uma camisola que gostou.
3. Ela pagaria com cartão de crédito.

Tina: Ohhh . . . look at those nice sweaters. They're so beautiful.

Mary: Do you want to go in and check them out?

Tina: Hmmm. I said that I wouldn't spend any money today.

Mary: Come on, let's just go see. It can't hurt.

Tina: Okay, you're right. But don't let me get my credit card out!

Mary: I'll do my best, but I make no promises. I know how crazy you get when you like something!

Tina: You know me so well.

#81: Passear o cão

A Trina vê o seu vizinho Bob enquanto estava a passear o seu cão.

Trina: Olá, Bob! Como estás?

Bob: Muito bem. Não me lembro de teres um cão.

Trina: Acabamos de adotar a Riley na semana passada.

Bob: Boa. Onde é que a foram buscar?

Trina: Ao canil. Deixei as crianças escolherem. Ela era super amigável e boa com as crianças.

Bob: Como é que ela se está a portar na tua casa?

Trina: Bem, a Riley estragou o nosso sofá e já comeu três sapatos. Mas ela é tão engraçada e fofa. Eu já a adoro tanto.

Bob: Parece que se estão a viver momentos emocionantes na tua casa. Boa sorte!

Verifica a tua compreensão

1. Quem é a Riley?
2. Onde é que a Trina foi buscar a Riley?
3. Quais são os pontos positivos e negativos sobre a Riley?
4. Quando é que a Trina foi buscar a Riley?

Respostas

1. A Riley é a cadela da Trina.
2. Ela foi buscá-la ao canil (um sítio para animais sem casa)
3. A Riley é engraçada, fofa e amigável. No entanto, ela gosta de comer coisas como o sofá ou sapatos.
4. Ela foi buscá-la na semana passada.

Trina: Hey Bob! How are you?

Bob: Pretty good. I don't remember you having a dog.

Trina: We just got Riley last week.

Bob: Nice. Where did you get her?

Trina: At the shelter. I let the kids pick her out. She was super friendly and good with the kids.

Bob: How's it going at your house?

Trina: Well, Riley ruined our couch, and has eaten three shoes already. But, she's so funny and cute. I love her so much already.

Bob: Sounds like exciting times at your place. Good luck!

#82: Comprar um computador novo

O Keith está à procura de um computador novo para comprar.

Funcionário: Precisa de ajuda para encontrar alguma coisa?

Keith: Estou à procura de um portátil novo, mas estou um pouco sobrecarregado com todas as opções.

Funcionário: Claro, eu posso ajudá-lo. Para que é que precisa dele?

Keith: Coisas básicas. Ver Netflix. Ir ao banco online. E-mail e Facebook. Esse tipo de coisas.

Funcionário: Claro, temos alguns computadores mais baratos que serão perfeitos para isso. Não desperdice o seu dinheiro nestes computadores de gaming topo de gama.

Keith: Isso a mim parece-me muito bem. Odeio jogos de computador.

Funcionário: Ok. Vejamos alguns deles.

Verifica a tua compreensão

1. O Keith gosta de jogar jogos de computador?
2. O Keith vai comprar um computador barato ou caro?
3. Porque é que o Keith não precisa de um computador caro?
4. Porque é que o Keith se sente sobrecarregado?

Respostas

1. O Keith não gosta de jogos de computador.
2. Ele vai comprar um computador mais barato.
3. Ele não precisa de um computador caro porque só o usa para coisas básicas.
4. Ele sente-se sobrecarregado porque há demasiadas opções na loja.

Clerk: Do you need any help finding something?

Keith: I'm looking for a new laptop, but I'm kind of overwhelmed with all the choices.

Clerk: Sure, I can help you out. What did you need it for?

Keith: Basic stuff. Watching Netflix. Online banking. Email and Facebook. Those kinds of things.

Clerk: Sure, we have some cheaper computers that'll be perfect for that. Don't waste your money on these high-end gaming computers.

Keith: That sounds great to me. I hate computer games.

Clerk: Okay. Let's take a look at some of them.

#83: Um carro novo

O Sam está a falar com o amigo Ed sobre o seu carro novo.

Sam: Ed! É o teu carro? É muito bom!

Ed: É meu. Comprei-o na semana passada.

Sam: A sério? Fantástico! É incrível. Podemos dar uma volta?

Ed: Sim, claro. Porque é que não vamos à praia este fim de semana?

Sam: Claro. Gostava imenso de ir.

Ed: Vou buscar-te no domingo por volta das 13:00?

Sam: Boa.

Verifica a tua compreensão

1. O Ed tem um bom carro?

2. O Ed e o Sam vão encontrar-se este fim de semana?

3. Quando é que eles vão à praia?

Respostas

1. Sim, tem.

2. Sim, vão. Eles vão à praia.

3. Eles vão no domingo por volta das 13:00.

Sam: Ed! Is that your car? It's so nice!

Ed: It's mine. I bought it last week.

Sam: Really? Awesome! It looks great. Can we go out for a ride?

Ed: Yeah, sure. Why don't we head down to the beach this weekend?

Sam: Sure. I'd love to.

Ed: I'll pick you up on Sunday around 1:00?

Sam: Awesome.

#84: A Wi-Fi não está a funcionar

O Tim está a falar com o funcionário do hotel sobre um problema com a Wi-Fi.

Tim: A Wi-Fi não parece estar a funcionar no meu quarto.

Funcionário do hotel: Ok, conseguiu-se conectar?

Tim: Não, não consegui descobrir a rede e a senha.

Funcionário do hotel: Tem o seu telefone ou computador aqui? Posso tentar.

Tim: Claro, obrigado.

Funcionário do hotel: Ok, agora deve estar a funcionar.

Tim: Obrigado! O que é que fez?

Funcionário do hotel: É um zero, não um "O". Esse é o erro que a maioria das pessoas comete.

Verifica a tua compreensão

1. Porque é que o Tim não conseguiu se conectar à Wi-Fi?
2. Muitas pessoas enganam-se na senha?
3. O Tim eventualmente conseguiu conectar-se à Wi-Fi?

Respostas

1. Ele não conseguiu conectar-se porque errou a palavra-passe.
2. Sim, erram.
3. Sim, conseguiu.

Tim: The WiFi doesn't seem to be working in my room.

Hotel clerk: Okay, were you able to connect at all?

Tim: No, I couldn't figure out the network and password.

Hotel clerk: Do you have your phone or computer here? I can give it a try.

Tim: Sure, thank you.

Hotel clerk: Okay, you should be good to go now.

Tim: Thank you. What did you do?

Hotel clerk: It's a zero, not an "O." That's the mistake most people make.

#85: Falar sobre as notícias

O Tim e a Mary estão a falar sobre o que viram nas notícias ontem à noite.

Tim: Ouviste falar do grande furacão que atingiu a Carolina do Sul ontem à noite?

Mary: Que loucura, não é? Ouvi dizer que os ventos eram de quase 200 km/h.

Tim: Claro que a eletricidade falhou, mas espero que toda a gente estivesse preparada para isso.

Mary: Eu acho que todos os anos passam lá furacões. Eles devem saber o que fazer, certo?

Tim: Espero que sim. Ainda não ouvi quantas pessoas morreram.

Mary: Espero que fique tudo bem para todos.

Tim: Eu também. Odeio ver coisas dessas nas notícias.

Verifica a tua compreensão

1. De que tipo de desastre natural é que eles estão a falar?

2. Onde estava o furacão? É lá que eles moram?

3. Quão forte era o vento?

Respostas

1. Eles estão a falar de um furacão.

2. O furacão estava na Carolina do Sul. Eles não vivem lá.

3. O vento era muito forte (200 km/h).

Tim: Did you hear about the big hurricane that hit South Carolina last night?

Mary: So crazy, right? I heard the winds were almost 200 km/h.

Tim: Of course the power went out, but I hope everyone was prepared for it.

Mary: I think they get hurricanes there every year. They must know what to do, right?

Tim: I hope so. I haven't heard how many people died yet.

Mary: I hope it turns out okay for everyone.

Tim: Me too. I hate to see stuff like that on the news.

#86: Ir à praia

A Tanya e a Shannon estão a conversar sobre ir à praia no dia seguinte.

Tanya: Shannon, eu verifiquei a previsão. 28 graus e ensolarado. Vamos à praia amanhã.

Shannon: A sério? Ok, vamos!

Tanya: Vamos para Albufeira?

Shannon: Sim, é um bom lugar. No entanto, estacionar é difícil. E se fôssemos às 16:00 quando todas as famílias já foram embora?

Tanya: Definitivamente. Podemos ver o pôr do sol.

Shannon: E que tal se te for buscar às 15:30?

Tanya: Até lá então.

Verifica a tua compreensão

1. O que é que elas vão fazer amanhã?
2. Porque é que elas vão às 16:00?
3. Quem vai conduzir?
4. Quanto tempo é que vai levar para chegarem à praia?

Respostas

1. Vão para Albufeira.
2. Porque estacionar lá mais cedo seria muito difícil.
3. A Shannon vai conduzir.
4. Não está claro, mas pode levar cerca de 30 minutos.

Tanya: Shannon, I checked the forecast. 28 degrees and sunny. Let's go to the beach tomorrow.

Shannon: Really? Yeah, let's go!

Tanya: Should we go to Albufeira?

Shannon: Yeah, that's a nice place. Parking is difficult though. Should we go at 4:00 when all the families have left?

Tanya: Definitely. We can catch the sunset.

Shannon: Why don't I pick you up at 3:30?

Tanya: See you then.

#87: Passar tempo com o meu namorado

A Sammy e o Allan estão a falar acerca dos seus planos para o fim de semana.

Sammy: Quais são os teus planos para o fim de semana?

Allan: Ah, nada de especial. Devo passar algum tempo a preparar o jardim. Estamos naquela altura do ano, não é verdade?

Sammy: É verdade. Os dias estão a ficar mais longos.

Allan: E tu, o que vais fazer?

Sammy: Ah, nada de especial também. Passar tempo com o meu namorado. Acabamos de nos mudar para viver juntos e então temos muitas coisas para organizar e arrumar.

Allan: Ah, isso é empolgante. Quando é que isso aconteceu?

Sammy: No fim de semana passado.

Verifica a tua compreensão

1. Quando é que a Sammy foi morar com o namorado?
2. O que é que o Allan vai fazer neste fim de semana?
3. O que é que a Sammy vai fazer neste fim de semana?
4. Porque é que os dias estão a ficar mais longos?

Respostas

1. Eles foram morar juntos no fim de semana passado.
2. Ele vai trabalhar no seu jardim.
3. Ela vai passar tempo com o namorado, organizar e arrumar a casa.
4. Os dias estão a ficar mais longos porque é primavera.

Sammy: What are you up to this weekend?

Allan: Oh, not much. I might spend some time getting the garden ready. It's that time of year, right?

Sammy: It is for sure. The days are getting longer.

Allan: What are you up to?

Sammy: Oh, not much. Just hanging out with my boyfriend. We just moved in together so have all kinds of stuff to organize and tidy up.

Allan: Oh, that's exciting. When did that happen?

Sammy: Last weekend.

#88: Por favor, fica em casa!

A Angela está a falar com a sua chefe Ashley sobre estar doente.

Angela: Más notícias, Ashley. Não me sinto muito bem. Mas estou a pensar em ir trabalhar na mesma. Estou preocupada com aquele relatório que precisamos de terminar.

Ashley: Por favor, fica em casa! Eu não quero que todos os outros fiquem doentes também. Nós vamos acabar esse relatório. Posso ficar até tarde se for preciso esta noite.

Angela: Tens a certeza?

Ashley: Sim. Só te queremos de volta quando estiveres bem de saúde. Ainda te restam 10 dias de baixa por doença este ano. Não tenhas medo de usá-los.

Angela: Ok. Vou-te mantendo informada.

Verifica a tua compreensão

1. Porque é que a Angela quer vir trabalhar mesmo estando doente?
2. Porque é que a Ashley não quer que a Angela venha trabalhar?
3. Quantos dias de folga é que a Angela vai tirar?

Respostas

1. Ela quer ir trabalhar para terminar um relatório.
2. Ela não quer que todos os outros no trabalho fiquem doentes também.
3. Não temos a certeza.

Angela: Bad news, Ashley. I'm not feeling great. But I'm thinking about coming in still. I'm worried about that report we need to finish.

Ashley: Please stay home! I don't want everyone else to get sick too. We'll finish that report. I can stay late if I have to tonight.

Angela: Are you sure?

Ashley: Yes. We only want to see you back when you're in good health. You also have 10 sick days left this year. Don't worry about using them.

Angela: Okay. I'll keep you updated.

#89: Férias de verão

O Kerry e o Tim estão a falar sobre um plano para visitar França.

Kerry: O que é que se passa contigo ultimamente? Sinto que não falamos há muito tempo.

Tim: Tenho andado a estudar francês, a preparar-me para a minha viagem à França no próximo ano. Eu já queria ir há anos, e finalmente vai acontecer.

Kerry: Oh uau. E quando é que vais?

Tim: Durante as férias de verão. Os dois meses inteiros em que as crianças não estão na escola. Parece que nunca mais chega.

Kerry: Oh, está quase. Eu fui lá no ano passado. É maravilhoso no verão. Vais divertir-te imenso!

Verifica a tua compreensão

1. Porque é que o Tim está a estudar francês?
2. Quanto tempo é que vão ser as férias do Tim?
3. Os filhos dele vão de férias com ele?
4. O Kerry já foi a França?

Respostas

1. Ele está a estudar francês porque vai a França.
2. Serão dois meses.
3. Provavelmente sim.
4. Sim, já foi.

Kerry: What's up with you these days? I feel like we haven't talked in a long time.

Tim: I'm studying French these days, getting ready for my trip to France next year. I've wanted to go for years, and it's finally happening.

Kerry: Oh wow. When are you going?

Tim: During summer vacation. The entire two months that the kids are off of school. It feels like it's never going to get here.

Kerry: Oh, it'll be here soon. I went there last year. It's lovely in the summer. You'll have the best time!

#90: Fazer uma reserva

A Lucy está a fazer uma reserva para a festa de aniversário da sua esposa.

Empregada de mesa: Olá, daqui é do Luciano's. Como posso ajudar?

Lucy: Gostaria de fazer uma reserva para a próxima terça-feira às 18:00, por favor.

Empregada de mesa: Ok. Para quantas pessoas?

Lucy: Eu acho que entre 8 a 10 pessoas. Posso avisar na terça-feira de manhã?

Empregada de mesa: Ok. Ligue-nos à tarde. Vamos reservar uma mesa para 10 pessoas.

Empregada de mesa: Prefere dentro ou no nosso pátio?

Lucy: Ah, no pátio com certeza. Parece-me excelente.

Empregada de mesa: Ok. Qual é o seu número de telemóvel?

Lucy: É 123-456-7890.

Verifica a tua compreensão

1. Quantas pessoas vão jantar?
2. Porque é que ela tem que ligar para o restaurante na próxima terça-feira?
3. A Lucy quer sentar-se dentro ou fora?

Respostas

1. A Lucy não tem certeza. Talvez 8 ou 10.
2. Para que eles saibam exatamente quantas pessoas é que vão jantar.
3. Ela quer sentar-se lá fora.

Waitress: Hi, Luciano's. How can I help you?

Lucy: I'd like to make a reservation for next Tuesday at 6:00, please.

Waitress: Okay. For how many people?

Lucy: I think between 8 and 10 people. Can I let you know on Tuesday morning?

Waitress: Okay. Give us a call in the afternoon. We'll save a table for 10 people.

Waitress: Do you prefer inside, or on our patio?

Lucy: Oh, patio for sure. That sounds great.

Waitress: Okay. What's your phone number?

Lucy: It's 123-456-7890.

#91: Num jogo de basebol

O John e o Mel estão a conversar durante um jogo de basebol.

John: Viste aquela tacada?

Mel: Espera. O que é que aconteceu? Estava a ver os meus e-mails!

John: Pode ser que eles mostrem no ecrã novamente. O Alex Garcia bateu num arremesso super baixo e mandou-o mesmo por cima da cabeça do segunda base.

Mel: Ahhh. Perco sempre a ação.

John: Bem, arruma o telemóvel, meu amigo! Haha.

Mel: Tens razão. É um hábito terrível.

Verifica a tua compreensão

1. Porque é que o Mel não viu a tacada?
2. Qual é o hábito terrível do Mel?
3. Quem acertou na bola?

Respostas

1. Ele não viu porque estava a verificar os seus e-mails.
2. O seu hábito terrível é estar sempre no telemóvel.
3. O Alex Garcia acertou na bola.

John: Did you see that hit?

Mel: Wait. What happened? I was checking my emails!

John: They might show it on the screen again. Alex Garcia took a super low pitch and popped it right over the head of the second baseman.

Mel: Ahhh. I always miss the action.

John: Well, put your phone away my friend! Haha.

Mel: You're right. It's a terrible habit.

#92: O que comer no jogo de futebol

O Tommy e o Alex estão a falar de snacks.

Tommy: Ei, vou à casa de banho. Queres que eu te traga alguma coisa?

Alex: Claro, gostava de outra cerveja, por favor. Ah, e um daqueles pretzels grandes também. E uma garrafa de água. Estou com muita sede. Consegues carregar tudo?

Tommy: Sem problemas. Eles dão-te uma caixa se tiveres muitas coisas.

Alex: Ah, deixa-me dar-te algum dinheiro. Aqui estão 20€. Acho que isso deve ser suficiente.

Tommy: Depois digo-te. Deve ser.

Alex: Ótimo. Obrigado.

Verifica a tua compreensão

1. O que é que o Alex quer comer e beber?
2. Porque é que o Tommy vai buscar os snacks?
3. Quanto dinheiro é que o Alex deu ao Tommy?
4. Como é que o Tommy vai conseguir carregar tudo?

Respostas

1. O Alex quer uma cerveja, um pretzel e uma garrafa de água.
2. Ele vai buscar os snacks porque também vai à casa de banho.
3. Ele deu-lhe 20€.
4. Ele pode usar uma caixa para trazer tudo.

Tommy: Hey, I'm going to go to the bathroom. Would you like me to grab you something?

Alex: Sure, I'd love another beer, please. Oh, and one of those big pretzels too. And a bottle of water. I'm so thirsty. Can you carry it all?

Tommy: No problem. They give you a box if you have lots of stuff.

Alex: Oh, let me grab you some money. Here's 20€. I think that should be enough.

Tommy: I'll let you know. It should be good.

Alex: Awesome. Thank you.

#93: Marcar uma consulta

O Tom está a marcar uma consulta para o médico pelo telefone.

Tom: Posso marcar uma consulta para amanhã, por favor?

Jenny: Claro, com qual médico?

Tom: Dr. Brown.

Jenny: Não temos vagas para amanhã, mas e que tal quarta-feira?

Tom: Tudo bem.

Jenny: 10:30 ou 14:00?

Tom: 14:00 é melhor.

Jenny: Qual é a razão da consulta?

Tom: Eu tenho um dedo do pé dorido.

Jenny: Ok, estamos prontos para si na quarta-feira às 14:00.

Verifica a tua compreensão

1. Porque é que o Tom quer ir ao médico?

2. Quando é que ele vai ao médico?

3. Qual é o dia preferencial dele para marcar a consulta?

Respostas

1. Ele vai ao médico porque está com o dedo do pé dorido.

2. Ele vai ver o médico na quarta-feira às 14:00.

3. O dia preferencial dele para marcar a consulta seria amanhã (terça-feira).

Tom: Can I make an appointment for tomorrow, please?

Jenny: Sure, with which doctor?

Tom: Dr. Brown.

Jenny: We have no appointments for tomorrow, but how about Wednesday?

Tom: That's fine.

Jenny: 10:30 or 2:00?

Tom: 2:00 is better.

Jenny: What are you coming in for?

Tom: I have a sore toe.

Jenny: Okay, we'll see you on Wednesday at 2:00.

#94: Qual autocarro?

O Tod está a tentar apanhar o autocarro para a baixa.

Tod: Desculpe, sabe onde posso apanhar o autocarro?

Homem: Para onde quer ir? Existem algumas paragens de autocarro.

Tod: Eu quero ir para a baixa.

Homem: Ok. Bem, atravesse a rua e caminhe por alguns minutos em direção à 1st Street. Vai vê-lá.

Tod: Ok. Obrigado. Sabe o número do autocarro que eu posso apanhar?

Homem: Não tenho certeza, mas acho que o 10 e o 12. Pergunte ao motorista do autocarro.

Tod: Ok eu vou perguntar. Muito obrigado pela sua ajuda. Fico-lhe agradecido.

Homem: Sem problema.

Verifica a tua compreensão

1. Para onde é que o Tod está a tentar ir?
2. O homem sabe que autocarro é que o Tod deve apanhar?
3. A quem é que o Tod pediu informações?

Respostas

1. Ele está a tentar ir para a baixa.
2. Ele acha que é o 10 ou 12, mas não tem certeza.
3. É um pouco incerto, mas pode ser apenas um homem na rua.

Tod: Excuse me, do you know where I can catch the bus?

Man: Where do you want to go? There are a few bus stops.

Tod: I want to go downtown.

Man: Okay. Well, cross the street and walk for a couple of minutes towards 1st Street. You'll see it there.

Tod: Okay. Thank you. Do you know the bus number I can take?

Man: I'm not sure, but I think the 10 and the 12. Ask the bus driver.

Tod: I will. Thanks so much for your help. I appreciate it.

Man: No problem.

#95: Jogar ténis

O Andy e o Baron estão a planear jogar ténis no fim de semana.

Andy: Tens algum tempo livre este fim de semana? Vamos jogar ténis.

Baron: Claro. Estou livre no domingo de manhã. Isso é bom para ti?

Andy: É perfeito. Que tal às 10:00 no Gates Park?

Baron: Claro, encontramo-nos lá.

Andy: Parece-me bem. E porque é que não vamos almoçar depois?

Baron: Boa ideia!

Verifica a tua compreensão

1. O que é que o Andy e o Baron vão fazer no fim de semana?
2. Quando é que eles vão jogar?
3. Onde é que eles se vão encontrar?
4. Achas que eles vão jogar ténis com outras pessoas?

Respostas

1. Eles vão jogar ténis e almoçar.
2. Eles vão jogar no domingo às 10:00.
3. Eles vão-se encontrar no Gates Park.
4. Não parece que vão.

Andy: Do you have any free time this weekend? Let's play tennis.

Baron: Sure. I'm free on Sunday morning. Is that good for you?

Andy: It's perfect. How about 10:00 at Gates Park?

Baron: Sure, I'll meet you there.

Andy: Sounds good. And why don't we get lunch afterwards?

Baron: Good idea!

#96: Num restaurante de fast-food

A Sara está a pedir comida num restaurante de fast-food

Funcionário: Olá, o que vai ser?

Sara: Eu queria um menu cheeseburger, por favor.

Funcionário: Claro, e que bebida vai ser?

Sara: Vocês têm Pepsi?

Funcionário: Não, só Coca-Cola.

Sara: Ok, vou querer uma Sprite então.

Funcionário: Mais alguma coisa?

Sara: Ah, e sem pickles no hambúrguer, por favor.

Funcionário: Ok. É tudo?

Sara: Sim.

Funcionário: Vai ser para comer cá ou para levar?

Sara: Hmm... que horas são? 12:15? Para levar, por favor.

Verifica a tua compreensão

1. O que é que a Sara não quer comer ou beber?

2. Porque é que ela pediu a comida para levar?

3. O que é que a Sara vai comer?

Respostas

1. Ela não quer Coca-Cola nem pickles no hambúrguer.

2. Porque ela não tem muito tempo.

3. Ela vai comer um menu cheeseburger com uma Sprite.

Employee: Hi, what can I get you?

Sara: I'd like a cheeseburger meal, please.

Employee: Sure, what kind of drink would you like?

Sara: Do you have Pepsi?

Employee: No, just Coke.

Sara: Okay, I'll have a Sprite then.

Employee: Anything else?

Sara: Oh, no pickles on that burger, please.

Employee: Okay. That's everything?

Sara: Yes.

Employee: Is that to stay or to go?

Sara: Hmm . . . what time is it? 12:15? To go, please.

#97: Trabalhos de casa

O Ben está a falar com a professora sobre os trabalhos de casa.

Professor: Não te esqueças que o teu trabalho de casa tem de ser entregue na sexta-feira.

Ben: A que horas na sexta-feira?

Professor: Trá-lo para a aula, por favor.

Ben: Preciso imprimi-lo, ou posso apenas enviar-lhe por e-mail?

Professor: Pode ser por e-mail. Mas tens que enviá-lo até às 10:00, que é quando a aula começa.

Ben: O que é que acontece se eu enviar mais tarde?

Professor: Vou descontar 10% por dia.

Verifica a tua compreensão

1. Quando é que o trabalho de casa deve ser entregue?

2. Os alunos podem enviar o trabalho de casa por e-mail para o professor?

3. O que é que acontece se o trabalho de casa for enviado mais tarde?

Respostas

1. O prazo é até sexta-feira às 10:00.

2. Sim, podem.

3. Se o trabalho for enviado mais tarde o aluno vai perder 10% da nota por dia.

Teacher: Remember that your homework is due on Friday.

Ben: When on Friday?

Teacher: Please bring it to class.

Ben: Do I need to print it, or can I just email you?

Teacher: Email is fine. But you have to send it by 10:00 when class starts.

Ben: What happens if it's late?

Teacher: You'll lose 10% per day.

#98: Conhecer alguém novo

O Tim e o Zeke estão a encontrar-se pela primeira vez na festa do Sam.

Tim: Olá, acho que não te conheço. O meu nome é Tim.

Zeke: Prazer em conhecê-lo. O meu nome é Zeke.

Tim: Então, como conhece o Sam?

Zeke: Bem, éramos colegas de trabalho num restaurante em que trabalhávamos. E você?

Tim: Ah, eu sou vizinho do Sam. Eu moro aqui ao lado.

Zeke: Estou a ver. É um bairro agradável. Quando é que se mudou para cá?

Tim: Há alguns anos. Mudou bastante, mas no bom sentido.

Zeke: Bem, prazer em conhecê-lo. Vou buscar outra bebida.

Verifica a tua compreensão

1. Como é que o Tim conhece o Sam?

2. Como é que o Zeke conhece o Sam?

3. Como é que o Zeke terminou a conversa?

Respostas

1. Eles são vizinhos.

2. Eles foram colegas de trabalho.

3. Ele diz que vai buscar outra bebida.

Tim: Hi, I don't think I know you. My name is Tim.

Zeke: Nice to meet you. My name is Zeke.

Tim: So how do you know Sam?

Zeke: Well, we were co-workers at a restaurant we worked at. How about you?

Tim: Oh, I'm Sam's neighbor. I live next door.

Zeke: I see. It's a nice neighborhood. When did you move here?

Tim: Years ago. It's changed a lot, but in a good way.

Zeke: Well, nice to meet you. I'm going to get another drink.

#99: Vamos ver um filme

O Tim e a Carrie estão a fazer planos para o fim de semana.

Tim: Olá Carrie, queres ir ver um filme este fim de semana?

Carrie: Honestamente, ando um pouco apertada de dinheiro nos últimos tempos. Que tal vermos um filme em minha casa na sexta-feira à noite?

Tim: Claro, parece-me bem. Há um novo que acabou de sair na Netflix que toda a gente está a falar.

Carrie: Ótimo! Vou fazer uns snacks para nós. Preferes doces ou salgados?

Tim: Adoro comida salgada! Eu vou trazer algumas cervejas.

Carrie: Perfeito. Aparece às 19:00 ou 19:30.

Verifica a tua compreensão

1. Porque é que eles não vão ao cinema?

2. De que tipo de snacks é que o Tim gosta?

3. O que é que eles vão beber?

4. Quando é que eles vão ver um filme?

Respostas

1. Eles não vão porque a Carrie está a tentar poupar dinheiro.

2. Ele gosta de salgados.

3. Eles vão beber uma cerveja.

4. Eles vão ver um filme por volta das 19:00 ou 19:30 na sexta-feira.

Tim: Hey Carrie, do you want to catch a movie this weekend?

Carrie: Honestly, I'm a little short on cash these days. How about staying in and watching a movie at my house on Friday night?

Tim: Sure, that sounds good. There's this new one that just came out on Netflix that everyone is talking about.

Carrie: Awesome! I'll make some snacks for us. Do you like sweet or salty?

Tim: I love salty food! And, I'll bring some beers.

Carrie: Perfect. Come over at 7:00 or 7:30.

#100: Almoço amanhã

A Barb e a Cindy estão a planear almoçar juntas.

Barb: Queres almoçar comigo amanhã?

Cindy: Claro, ao meio-dia? Onde é que vamos?

Barb: Pode ser ao meio-dia. Estou cansada daquele italiano que costumamos ir. Porque é que não vamos àquele novo restaurante mexicano?

Cindy: Ok. Podemos ir a pé? Não sei onde é.

Barb: Não, de carro. Eu conduzo.

Cindy: Tudo bem. E vais ter que me contar tudo acerca do teu namorado novo.

Barb: Combinado!

Verifica a tua compreensão

1. Onde é que elas vão almoçar?
2. Onde é que elas costumam almoçar?
3. Como é que elas vão até ao restaurante?
4. O que é que a Cindy quer que a Barb lhe conte?

Respostas

1. Elas vão almoçar num novo restaurante mexicano.
2. Elas costumam comer num restaurante italiano.
3. A Barb vai conduzir.
4. A Cindy quer saber sobre o novo namorado da Barb.

Barb: Do you want to meet for lunch tomorrow?

Cindy: Sure, at noon? Where should we go?

Barb: Noon is good. I'm tired of that Italian place that we usually go to. Why don't we go to that new Mexican place?

Cindy: Okay. Can we walk? I'm not sure where it is.

Barb: No, by car. I'll drive.

Cindy: Alright. And, you'll have to tell me all about your new boyfriend.

Barb: Will do!

#101: Plano de compras

O Harry e o Mo estão a decidir a melhor estratégia para o supermercado.

Harry: O que achas? Devemos dividir-nos e conquistar ou ficar juntos esta semana?

Mo: Quantas coisas precisamos de comprar?

Harry: Não muitas. Apenas frutas, legumes, leite, pão e algumas outras coisas.

Mo: Então porque é que não ficamos juntos? Não vai demorar muito para encontrarmos essas coisas todas.

Harry: Claro, mas eu é que empurro o carrinho, ok? É a minha parte preferida!

Mo: Tu é que mandas! Toma. Segura na lista e vai riscando as coisas que já temos.

Harry: Ok. És muito mandão!

Verifica a tua compreensão

1. Porque é que eles vão fazer as compras juntos?

2. Quem vai empurrar o carrinho?

3. Onde é que eles estão a fazer as compras?

Respostas

1. Eles vão fazer as compras juntos porque não têm muitas coisas para comprar.

2. O Harry é quem vai empurrar o carrinho.

3. Eles estão a fazer as compras no supermercado.

Harry: What do you think? Should we divide and conquer or stick together this week?

Mo: How much stuff do we need to buy?

Harry: Not that much. Just fruit and vegetables, milk, bread and a couple of other things.

Mo: Why don't we stick together then. It won't take very long to get all this stuff.

Harry: Sure, but I get to push the cart, okay? It's my favorite!

Mo: Whatever you want! Here. You hold the list, and cross off the stuff as we buy it.

Harry: Okay. You're so bossy!

Before You Go

If you liked this book, please leave a review wherever you bought it. I'd really appreciate it. You can get in touch with me here. I'd love to hear from you, and please let me know if you have any questions.

- YouTube: www.youtube.com/c/jackiebolen

- Email: jb.business.online@gmail.com